高校英語のパラダイムシフト
進化する授業づくりのヒント

著

亀谷 みゆき（代表）　江原 美明
竹内 理　　　　　　長沼 君主

三省堂

はしがき

　令和4年度から高等学校において学習指導要領が年次進行で実施となり、2年以上が経過しました。私たち執筆者はそれぞれ、各地の教育委員会等において、英語教育に関する講演や教員研修を数多く担当してきました。その出会いや経験の中で、「この2年間やってみて」現場の先生方や教育委員会の指導主事の皆さんが難しいと感じておられること、課題と考えておられること、もっと知りたい・改めて学びたいと考えておられることに着目し、現場の先生方の悩みに寄り添う書籍、指導主事の先生方の研修教科書になり得る書籍を作ろうと、心を込めて本書を執筆しました。

　本書には特徴が3つあります。1番目は理論（考え方編）と実践（やり方編）の両面から「この2年間やってみた」先生方の悩みや課題に寄り添っていることです。理論と実践は教育現場では特に深く結びついていますが、そのどちらからも先生方の学びに資するよう本書を構成しました。2番目の特徴は、先生方が困ったときにすぐに取り出して参照できるよう、どの章も学習指導要領にもとづいて書かれていることです。3番目は、この変化の時代に、何をどう教えて、どう評価すればよいのか、また、子どもたちの英語力をどう伸ばし、心をどう育てていけばよいのか、読者とともに考えたいという願いを込めて、筆者たちが執筆をしていることです。

　本書は全体の構想については執筆者全員で話し合い、まず「考え方編」では、竹内と江原が、学習指導要領の改訂のポイントや学習指導要領における学びについて、理論や背景を含めて解説をしています。次に、その学習指導要領の中で、小中高の領域別目標がはじめてCEFRを使い段階的に設定されたことを受けて、学習指導要領とCEFRの関係について長沼が説明しています。その上で、「やり方編」では、学習指導要領の具現化として、学習評価のあり方や評価方法について江原が例示し、これを受けて、学習指導要領にもとづいた授業づくりの詳細について、亀谷が解説しています。単元指導計画のご執筆にあたっては、塚本裕之先生と有嶋宏一先生に多大なご協力を賜りました。この場を借りて深く感謝申し上げます。また、11のコラムには、それぞれの著者が本編では書ききれなかった英語教育に関わるあれこれをまとめ、議論の裾野を拡げてみました。

　新型コロナウイルス感染症の拡大によって、これまでの世界は一変しました。英語教育についても、このポスト・コロナという未知の世界でこれからどうなっていくのか予想もつかず、AIの発達により英語教育が必要なのかという問いさえ投げかけられています。さらに、GIGAスクール構想やデジタル教科書の活用で、ますます「個別最適化の学び」と「協働的な学び」がクローズアップされ、学習者が学び方を選択できるようになりつつあります。このように新しい時代に向かう今だからこそ、指導のあり方がより重要になっており、われわれ教員がこれについて自ら考え、学び続けることが、何よりも大切になる

といえるでしょう。その際に、現場を担う教員の皆さんや、教育委員会で教員研修を担当している指導主事の皆さんの、「やってみた」からこそ知りたい、どう解決すればよいか学びたいという気持ちに本書が応え、わが国の英語教育の改善に少しでも寄与することができれば、これに勝る喜びはありません。

　最後になりましたが、本書の出版において、株式会社三省堂の山本真哉氏、佐藤亜希子氏、八木優子氏、田村優光氏に大変お世話になりました。心より感謝申し上げます。

2024年11月吉日
著者代表　亀谷みゆき

目次

「考え方編」

第1章　学習指導要領と英語教育 …… 6
- コラムA　学習方略とは何か …… 16
- コラムB　ICTに振り回されないために …… 18

第2章　学習指導要領における「学び」―英語教育の視点から …… 20
- コラムC　エンゲージメントとは何か …… 28
- コラムD　外国語の学びとAI …… 30

第3章　学習指導要領とCEFR …… 32
- コラムE　やり取りの評価について …… 45

「やり方編」

第4章　学習指導要領と評価のあり方 …… 48
- コラムF　定期テストのあり方 …… 60
- コラムG　ティーム・ティーチングのあり方 …… 62

第5章　学習指導要領にもとづいた授業づくり …… 64
- ●単元指導計画　「英語コミュニケーションⅠ」の具体例 …… 69
- ●単元指導計画　「論理・表現Ⅰ」の具体例 …… 75
- コラムH　学級経営のあり方 …… 88
- コラムI　教材研究のあり方 …… 90

第6章　学習指導要領にもとづいた評価のポイント
　　　　　―目標・指導と評価の一体化や振り返り …… 92
- コラムJ　やる気と行動の誘発 …… 111
- コラムK　成長マインドセットとは何か …… 113

索引 …… 115

考え方編

第 1 章　学習指導要領と英語教育

本章でお話しすること

　この章の前半では、学習指導要領の骨子を、英語教育の観点から概観していきます。そこでは、学習者は最初から英語の使用者であるべきことや、指導と評価の一体化の大切さが強調されます。中盤から後半にかけては、前半で導入された様々な用語や概念を、具体例を交えながらできる限り平易に解説し、あとにつづく各章（第2章〜第6章）での議論の導入としたいと思います。

1.1　いつかは「クラウン」

　これまでの学校における英語教育は、「コツコツと学んでいくと、やがて英語が使えるようになる」という考え方が主流だったように思われます。この学習観では、「学ぶ」ことと「使う」ことの間に明確な区別があり、「学ぶ」ことのあとに（別の言い方をすると、相当に学んでから）「使う」ことがくる、というような考え方となります。そして残念ながら、往々にして、この「使う」というステージを見ないまま、学びを終えることが多かったのではないでしょうか。このような学習観は、日本がまだ経済成長期にあった頃、トヨタの最高級セダン「クラウン」のコマーシャルで使用されたキャッチ・フレーズ「いつかはクラウン」のような考え方に似ている、といえるでしょう。「いつかはあのクラウンに乗れるように」と憧れを実現していくため、今はひたすら努力するというやり方です。しかし実際は、英語をコツコツと学んできたのに「いつかは使う」という目標が消え失せてしまうようなことがあったり、あるいは「何のために、どの程度のレベルで使うのか」が描けなかったりして、憧れの気持ちが叶えられないまま終わってしまう。そんな傾向が強かったのが、従来の日本の英語教育だったように思います。

1.2　はじめから「クラウン」

　グローバル化が一段と進み、対面はもとよりネット上でも、多くの人々が英語をツールとして使い様々な交流を持ちはじめると（Ushioda, 2011）、「いつかはクラウン」型の英語学習観に限界があることが露呈していきます。このようなグローバル化が進んだ環境においては、学習者が最初から**「使用者」**となり（根岸、2019）、[1] 何らかの目的を達成するためにコミュニケーションのツールとして英語を使い、その過程で（英語を）学んでいく、というような学習観が求められるようになります。つまり「いつか使う」のではなく、学びの中で「はじめから使う」というように発想を転換していかねばならないのが、現在の状況といえるでしょう。

そして、この考え方に立てば、使用に際して、場面や状況にふさわしい表現方法を自らの頭で考え、他者の反応を見ながら最適解を選択し、具体的なコミュニケーション上の目的の達成へとつなげていくこと、つまり「思考・判断・表現」とそれに関わる「方略的能力」（strategic competence : Canale & Swain, 1980）が、より重要視されていかなければならないはずです（図 1-1 太枠囲み部分）。[2] また「使う」ためには、情報を外部から入手し、それを再編成して、自分の考えを加えて発信していくことが必要となります。そうなると、いずれか 1 つの技能に偏って英語を学ぶことは望ましくなく、from input to output の流れの中で「技能を統合」していく、つまり様々な技能を「つなげて使っていく」ことも大切となります。

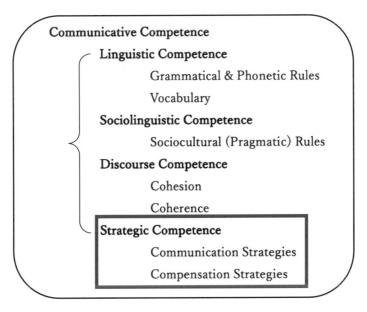

図 1-1　Canale & Swain (1980) に準拠したコミュニケーション能力の下位分類

1.3 「点数」と「できること」

　上述したような学習観をとると、測定（テスト）や評価の方法も変わらざるを得ません。今までは、紙と鉛筆で知識を問うような試験において 100 点満点中の 90 点をとれば、知識がかなり正確に定着しており、「すばらしい！」となっていました。しかし、新しい学習観から眺めると、90 点をとっても、それだけではこの学習者は学んだ知識を技能面でうまく活用することができるのか、もっというのならば、英語を使って一体「何ができるのか」がよく分からない状態となっていることに気がつきます（図 1-2 参照）。また 65 点や 70 点というような数値（スコア）だけでは、目標の達成に向けて「何をどう改善すべきなのか」という、学習者にとって有益な情報が十分に得られないことも多くなりま

す。このため、スコア中心の考え方では、「振り返ったり」(reflect)、進捗状況を見て「計画を修正したり」(revise) することが難しくなり、目標達成へ向けた「動機づけ」(motivation) の維持も困難となりがちです (Dörnyei & Ushioda, 2021)。別の言い方をすれば、「主体的」に学ぶための「自己調整」(self-regulation) が難しくなる、ともいえるでしょう。

そこでこのような状況を改善すべく、数値（スコア）だけではなく「CAN-DO」(CAN-DO リストの形での学習到達目標)、[3] つまり「〜ができる」という観点から学習成果を見ていく考え方の導入が、昨今強く求められているわけです。さらに、このような「〜ができる」という形式で学習の目標を設定すれば、目標の達成に向けて日々の授業を計画していく「バックワード・デザイン」の考え方（竹内、2020）が導入しやすくなります。また、測定・評価においても、目標が達成されたか（何ができるようになったのか）という観点で学習者の成果を見ることが可能となり、日々の指導と評価を同じ目標のもとに実施していく「指導と評価の一体化」も実現しやすくなります。

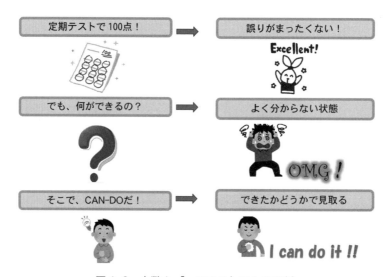

図 1-2　点数と「〜できる」ことの関係

1.4　学習指導要領の骨子を英語教育の観点から要約すると

以上のような流れを踏まえて、学習指導要領の骨子を英語教育の観点から少し大胆に要約すると、次の 5 つに落とし込めるのではないでしょうか。つまり、(1) 学習者と使用者を区別するような考え方からの脱却、(2) 目的達成のための英語使用の促進、これを支える (3) CAN-DO リストおよび (4) バックワード・デザインの導入、ならびに (5) 指導と評価の一体化の促進です。そして、これらを横軸に設定し、全体を貫く「知識・技能の習得」、「思考力・判断力・表現力の育成」、および「学びに向かう力や人間性等の涵

養」を縦軸に配置することで、現行学習指導要領下での英語教育が形成されている、ということになります。

　概説はこれくらいにして、ここからは、これまでに導入した用語や概念を、具体例をあげながら平易に解説し、あとにつづく各章（第2章～第6章）での議論の導入にしたいと思います。

1.5　生徒への支援のあり方

　現行の学習指導要領では、小・中・高等学校と進むにつれて、英語で「**できること**」が徐々に増えるように計画されています。しかし、高等学校になると、入学段階で生徒の英語に対する「**学習意欲**」や「**習熟度**」に大きな差が出てきます。中学校から高等学校へのCAN-DOの接続は必ずしも理想通りにいかないかもしれません。状況は様々なので、中学校の復習に時間をかけたり、保護者や生徒のニーズに応えるために受験指導をしたり、場合によっては高校卒業後すぐに実務に役立つような教材を工夫したりする必要も出てくるでしょう。

　『高等学校学習指導要領（外国語）』（文部科学省、2018）の各科目の目標には、「英語コミュニケーション」、「論理・表現」とも、Ⅰでは「**多くの支援**を活用すれば」、Ⅱでは「**一定の支援**を活用すれば」、Ⅲでは「**支援**をほとんど**活用しなくても**」のように、入学から卒業までの間に、支援を徐々に減らして自律した英語の**学習者・使用者**を育成するように、とのメッセージが込められています。また、『高等学校学習指導要領解説（外国語編・英語編）』には、言語活動を行う際は、「生徒の実態や学習過程における必要性に応じて柔軟に工夫する」とあります（文部科学省、2018, p. 20）。生徒が授業に満足し、英語を使えるようになったと感じられるような支援をするには、生徒のニーズに寄り添うことが重要だといえます。

　そこで大切なのが、生徒の現状を把握し授業を常に振り返ることです。教師の「**振り返り**」（reflection）には様々な方法がありますが（江原、2017）、すぐに実践できる方法が2つあります。

（1）生徒に聞いてみる

　何年も英語教師をしていても、本当に満足のできる授業をすることは難しいと感じます。しかし、生徒に意見や感想を求め、皆がそれに応えてくれると、「少なくともみんなとつながっているな」と安心できます。最近では**オンライン・ツール**等を活用して簡単にテキストデータも整理できます。[4] 筆者が現在教えている大学生に、英作文の練習を兼ね、「効果的な英語の授業とはどんな授業か」を1文で書いてもらったところ、次のような回答がありました。

Effective classes are those where ...
- students help each other and enjoy studying.
- students can develop confidence in themselves.
- both the teacher and the students are amazed at the learning content.
- students speak more often than their teacher.
- students can easily remember what they learn.
- all students enjoy studying and talking to each other, and are not afraid of making mistakes when they give presentations.
- students study and think by themselves while the teacher only provides help or advice for them.

　学生たちの言葉は、指導目標の再検討による授業改善（バックワード・デザインの微調整）をする上で重要な情報を与えてくれます。

(2) 授業中の生徒を観察する

　授業中の英語でのやり取りや、生徒が書く英文を見ることで、生徒の発信技能のつまずきを把握できます。リスニングやリーディングなどの受容技能についても、生徒が課題に取り組んでいるところを観察しながら、「どこが難しかった？」とか「この英文何が書いてある？」などと日本語で質問することで、生徒の「**つまずき**」を把握することができます。[5]

　表 1-1 は、筆者が過去に担当した高等学校中核英語教員研修の参加者の声や授業訪問、現在教えている大学生で英語を苦手とする学生の観察などにもとづく 5 領域の課題です。解決に時間がかかるものばかりですが、教師と生徒（学生）が協力し合って「**学習方略**」（learning strategies：第 1 章、コラム A「学習方略とは何か」p. 16 参照）を工夫する必要がありそうです。

聞くこと	■ 英語の音を聞き取れず、聞き取れても瞬時に意味が想起できない。 ■ 概要をとらえられず、聞き取った内容を覚えていられない。
読むこと	■ 知っている単語をランダムにつなげて和訳しようとする。 ■ 英文の概要や段落ごとの要点をとらえられない。
話すこと [やり取り]	■ 即興で話す経験が少なく、英語がすぐに出てこない。 ■ 聞いて理解し、考えて話すことが同時にできない。
話すこと [発表]	■ 暗記した英語を話す段階から抜け出せない。 ■ 人に話しかけるように顔をあげて発表できない。
書くこと	■ 1 文レベルでも、正確な英文を書くことが難しい。 ■ 文と文をつないでまとまった内容の英文を書くことに慣れていない。

表 1-1　高校～大学低学年における 5 領域の課題

この (1)(2) の 2 つの振り返りの例は、あくまで主観的なものです。しかし、こうした振り返りは、生徒のニーズや弱点に応じた授業をするための大きな拠り所となります。

1.6　3観点×5領域をどう考えるか

現行の学習指導要領で英語教師が悩むことの1つは、学習指導要領が示す育成すべき資質・能力の3つの柱（「知識及び技能」、「思考力、判断力、表現力等」、「学びに向かう力、人間性等」）と、外国語科で扱う5領域（listening, reading, spoken interaction, spoken production, writing）の目標とをどう扱うかでしょう。

一見、3×5のマスに入る要素を毎時間意識しながら授業をしなければならないように思えます。しかし、5領域の英語力を発揮して様々な言語活動や「**タスク**」をこなす力（task completion skills）と、3つの柱に整理された**コミュニケーション能力**（communicative competence）とは表裏一体の関係なので、授業中は3つの柱を意識しながら言語活動中心の授業を行えばよいといえます。

つまり、普段の授業では、①言語知識を使えるようにし（**知識及び技能**）、②具体的な目的や場面・状況に応じた工夫をしながら5領域の技能を統合的に使うコミュニケーション活動を行い（**思考力、判断力、表現力等**）、③他者意識を持って主体的に学習や言語活動に取り組む態度（**学びに向かう力、人間性等**）を育て、評価する際は、年間計画の要所要所で、5領域の1つか2つに焦点を当て3観点で評価をすればよいのです。ちなみに「人間性」は通常の評価にはそぐわないので3観点の評価には含まれません。

ただし、ここで注意しなければならないのは、普段から、「どのような場面でどのような英語を使えるようにさせたいか」という具体的なCAN-DO目標のイメージを持つことです。そのイメージがないと、結局は教科書の本文にもとづく定期テストを作り、実施したあとで設問ごとの点数を3観点に割り振るという、バックワード・デザインとは反対のやり方になってしまいます。

これまでの話をまとめたのが次の表です。英語によるコミュニケーションを図るための3つの資質・能力は言語活動を通して育成され、資質・能力の育成が、より高いレベルでの5領域の英語によるコミュニケーションを可能にします。学習指導要領解説では、まず、3本柱の目標が外国語科の目標として掲げられ（表1-2）、それを土台として5領域のCAN-DO目標が指導目標（〜することができるようにする）という形で、「英語コミュニケーションⅠ」をはじめとする各科目別に示されています。

4技能5領域（聞くこと・読むこと・話すこと［やり取り］・話すこと［発表］・書くこと）の各科目の年間到達目標		
知識及び技能	思考力、判断力、表現力等	学びに向かう力、人間性等
外国語の**音声**や**語彙**、**表現**、**文法**、**言語の働き**などの理解を深めるとともに、これらの知識を、聞くこと、読むこと、話すこと、書くことによる実際のコミュニケーションにおいて、目的や場面、状況などに応じて**適切に活用できる技能**を身につけるようにする。	コミュニケーションを行う目的や場面、状況などに応じて、日常的な話題や社会的な話題について、外国語で情報や考えなどの**概要や要点**、**詳細**、話し手や書き手の**意図**などを的確に理解したり、これらを活用して**適切に表現したり伝え合った**りすることができる力を養う。	外国語の背景にある**文化**に対する理解を深め、聞き手、読み手、話し手、書き手に**配慮**しながら、**主体的、自律的**に外国語を用いてコミュニケーションを図ろうとする態度を養う。

表 1-2　資質・能力の3つの柱と4技能5領域の目標との関係（文部科学省、2018にもとづく）

このように考えると、授業実践への取り組みでは、

- 言語活動を通して言語の知識（宣言的知識：declarative knowledge）を技能（手続き的知識：procedural knowledge）へと習熟させる。
- コミュニケーションを行う具体的な目的や場面、状況などを設定し、工夫しながら英語を使って内容のやり取りをする方略的能力（communication strategies）を養う。
- 文化についての理解、相手への配慮、英語でのコミュニケーションのための学習方略（learning strategies：第1章、コラムA「学習方略とは何か」p.16参照）や、主体的・自律的態度を、学び合いを通して育成する。

といった点に留意することが重要だと気づきます。

1.7　変わらないことと変わるべきこと

　学習指導要領は概ね10年周期で改訂されてきました。高等学校の外国語の場合、過去3回の改訂は、実施開始年度でいえば、平成15（2003）年、平成25（2013）年、そして令和4（2022）年となります。この間、学習指導要領に「言語の使用場面」「言語の働き」が新たに例示されたり、科目名に「コミュニケーション」の表記が取り入れられたりするなど、実生活場面での英語運用能力を高めるという目標がより鮮明に打ち出されてきました。

英語による**コミュニケーション能力育成**という目標は、今後も大きくは変わらないでしょう。そういう意味で、Willis（1996）が提唱した**言語学習の4つの条件**（four conditions for language learning）は参考になります（図1-3）。言語学習において「言語形式について学ぶこと（教師の指導）」よりも、「（自らが）言語学習に前向きな気持ちを持って言語を使う」といった条件が不可欠だという考え方です。

> Essential（必須条件）
> ・Exposure（理解可能なインプットを得ること）
> ・Use（言語を使って何かを達成すること）
> ・Motivation（英語の4技能を使おうという気持ちがあること）
> Desirable（あることが望ましい条件）
> ・Instruction（言語形式について学ぶこと）

図1-3　言語学習の条件（Willis, 1996, p. 11より）

英語教育の目標は変わらない一方で、その目標達成のために大きく変わることが求められてきたのが私たち英語教師です。学習指導要領の改訂と並行して、これまでに転機ともいえる3つの出来事がありました。

まず1987年に始まった「**JETプログラム**」（The Japan Exchange and Teaching Programme）です。当時は英語といえば単語、文法、訳読といった雰囲気が教室に漂っていた中で、日本人英語教師は「**ALT**」（Assistant Language Teacher：外国語指導助手）たちとティーム・ティーチングをはじめました。ALTとの協働に果敢に挑んだ英語教師たちは、**口頭での英語コミュニケーション能力や異文化理解力**をさらに高めていきました。当時高校の教員だった筆者は、何より、ALTとの打ち合わせや意見が合わなかったときの交渉などを通して、実務場面での英語力を高めることができたと感じています。

第2に、2013年実施の学習指導要領で「授業は英語で行うことを基本とする」ことが明記されたことです。当初はこのコンセプトが誤解され、「文法説明を英語でどのようにしたらよいか」といった質問も研修会で寄せられたりしました。しかし現在では、これは、先に言及したWillisの言葉を借りれば、instructionに終始せず、exposureやuseを通してmotivationを高める言語活動中心の授業をする、という理解に変わりました。教師が**英語使用者**としての生徒のよき「**お手本**」（role model）となり、生徒に英語を使わせる授業形態への転換です。

第3の波ともいえる今回の学習指導要領は、英語教師にさらに高い専門性を求めるものになりました。高度な英語運用能力を持つだけでなく、カリキュラム開発や5領域3観点での学習評価を求めています。言語教育のエキスパートの視点から生徒を指導し、生徒たちにも、よりよい言語学習者・使用者としての視点を持たせられるよう指導すること

を求めています。学習指導要領でいう「**外国語によるコミュニケーションにおける見方・考え方**」とは、「どのようにしたら外国語としての英語でうまくコミュニケーションができるようになるか」と常に工夫をし続けるための視点や考え方で、これを教師がお手本となって生徒と共有することが期待されています。[6] たとえるならば、プロの料理人が他国のレストランでおいしい料理を食べたとき、「ここのシェフはどのような知識や技能、思考・判断・表現力、心的態度を持ってこの料理を作ったのだろうか」と考え、自分でも同じ料理を作ってみるのに似ています。

このような大役を求められる過酷な環境にあっても、英語を教えるのが好きといえる熱意のある教師は、生徒にやる気を起こさせます（Csikszentmihalyi, 1997）。変わらない大きな目標のために、変わり続けることが英語教師には求められているといえるのではないでしょうか。

注
1. 最初から使うのではなく、まずは「学習者」として基礎力をしっかりと身につけないと高いレベルまで到達できない、との主張については、齋藤（2023）などを参照のこと。
2. 相対的な重要性が増すという意味であり、図1-1で示す他の3つのcompetenceが重要ではない、と主張するものではありません。
3. CAN-DOは、「バンド」（band）スケールという形に発展させて、測定にもちいることができます。
4. Google Forms, Microsoft Forms, SurveyMonkeyなどを活用することで、記述データを入力する手間が省け、アンケート結果の収集や分析が容易になりました。
5. 話したり書いたりする活動では生徒のつまずきは観察しやすいですが、聞いたり読んだりする活動でのつまずきは直接見えにくい傾向にあります。生徒とのやり取りや振り返りシートなどを活用して、生徒の弱点を探る努力が必要といえます。
6. 「見方・考え方」は、文部科学省では英語で a discipline-based epistemological approach としています。つまり、「物事を見るときその教科の専門的視点からどう考え（どう認識し）どう迫るかというアプローチの方法」ということになります。（平成29年改訂中学校学習指導要領英訳版（仮訳）（https://www.mext.go.jp/content/20201008-mxt_kyoiku02-000005242_1.pdf）より）

確認してみよう🖐
1. 「学習者は使用者」という観点から、現在の自分の授業を見返してみよう。
2. 自分が教えている生徒の授業に対するニーズを5つあげ、優先順位の高い順に並べてみよう。

▶参考文献
Canale, M., & Swain, M.（1980）. Theoretical bases of communicative approaches to second language teaching and testing. *Applied Linguistics, 1*（1）, 1-47.
Csikszentmihalyi, M.（1997）. Intrinsic motivation and effective teaching: A flow analysis. In J. L. Bess（Ed.）, *Teaching well and liking it: Motivating faculty to each effectively*（pp. 72-89）. Johns Hopkins University Press.
Dörnyei, Z. & Ushioda, E.（2021）. *Teaching and researching motivation*（3rd ed.）. Routledge.
江原 美明（2017）.「振り返り」の仕方を振り返る―新たな出発に向けた5つの視点 『英語教育』3月

号（pp.10-12）．大修館書店
文部科学省（2017）．『小学校学習指導要領解説　外国語活動・外国語編』
文部科学省（2017）．『中学校学習指導要領解説　外国語編』
文部科学省（2018）．『高等学校学習指導要領　外国語』
文部科学省（2018）．『高等学校学習指導要領解説　外国語編・英語編』
根岸雅史（2019）．グローバル化する社会における英語教育－世界の人々との共生と新しいテクノロジーとの共生　『教育最前線』3号２５．三省堂
斎藤兆史（2023）．『英語達人列伝 Ⅱ：かくも気高き、日本人の英語』　中公新書
竹内　理（2020）．何に着目すれば良いのだろうか－英語授業改善の具体的な視点を考える　淺川和也、田地野彰、小田眞幸（編）『英語授業学の最前線』JACET応用言語学研究シリーズ（1）　第4章（pp. 73-88）．ひつじ書房
Ushioda, E. (2011). Language learning motivation, self and identity: Current theoretical perspectives. *Computer Assisted Language Learning, 24* (3), 199-210.
Willis, J. (1996). *A framework for task-based learning*. Longman.

コラムA　学習方略とは何か

　学習上の特定の目標を達成するために、学習者が各々の環境の中で意識的にとる行動のことを「**学習方略**」といいます（Takeuchi, 2019）。英語では、learner/learning strategy となります。このうち、特に言語学習と関係するものを「**言語学習方略**」（language learner/learning strategy）といい、一方、言語能力の不足を補いながら、コミュニケーション上の問題を回避し、うまくコミュニケーションを継続していくための方略（たとえば、言い換え、発問、話題回避など）を「**言語使用方略**」（language use strategy）、あるいは「**コミュニケーション方略**」とよびます。学習方略は、明示的に教えて継続的に実践で使わせることで、学習上の効果を生むといわれています。これまでの研究をまとめた Plonsky（2019）によれば、教育効果を示す「**効果量**」は中程度、つまり「学習方略は教える価値あり」ということが分かっています。ただし、スキルの種類により効果の発現に差が出るようで、スピーキング、発音、リーディング、ボキャブラリ、ライティングでは効果が比較的大きく出て、リスニングや言語能力一般では小さく出る傾向があるようです。

　学習方略は、直接方略と間接方略の2つに区分することもできます。直接方略は、学びを直接的に促進すると考えられる「**認知方略**」（たとえば音読や繰り返しなど）や「**記憶方略**」（単語の覚え方など）から構成されています。世間でいうところの勉強法というのは、この区分の方略を指すことが多いようです。一方、間接方略は、学習の過程を支えることで学びを間接的に促進する「**メタ認知方略**」（計画、モニタリング、振り返りなど）や「**感情方略**」（自己動機づけや不安解消法など）、さらには「**社会方略**」（仲間との協働学習の方法）などから構成されています。これらの方略のうち、認知・記憶・感情および社会の各学習方略は、もちろん単体で使用されることもありますが、メタ認知方略との「**組み合わせ**」（orchestration）でより大きな効果を発揮することが、近年ではよく知られています。

　論文や書籍を読むと「**自己調整学習方略**」（self-regulated learning strategy）という言葉と出くわす場合もありますが、こちらは後述の 2.3 で述べる自己調整学習の枠組みの中で利用される学習方略のことです。メタ認知調整方略、努力調整方略、感情調整方略、環境（リソース）調整方略などから構成されています。

　分類はさておき、大切なのは、「**ひとり1人の学習者**」が、「**それぞれの置かれている環境**」の中で、「**特定の目標**」の実現に向けて、「**意識的に（程度の差はありますが）働きかけを行う**」というポイントです。これが学習方略の本質です。従って、誰

がやっても、どこで使っても、何（の目標）にでも効果を発揮するテッパン（万能）の学習方略というものは存在しません。存在するのは、効果があがる可能性のある学習方略のリストだけで、ここから各自が自分の目的や状況にあわせて選択・使用していくことになるのです。また、学習方略を使う能力は、生まれながら身についているような資質と違い、教えられることで身につくという点も重要でしょう。加えて、計画を立てたり、振り返ったり、感情を制御したりと、どちらかというと英語学習そのものとは直接関係がなさそうな工夫が、実はおおいに役立つことも忘れてはならないでしょう。

（竹内　理）

▶参考文献

Plonsky, L. (2019). Language learning strategy instruction: Recent research and future directions. In A. U. Chamot & V. Harris (Eds.), *Learning strategy instruction in the language classroom: Issues and implementation*. Multilingual Matters.

Takeuchi, O. (2019). Language learning strategies: Insights from the past and directions for the future. In X. A. Gao (Ed.), *Second handbook of English language teaching* (pp. 683-702). Springer.

コラムB　ICTに振り回されないために

「GIGA（Global and Innovation Gateway for All）スクール構想」の進展にともない、学校に高速大容量回線が張り巡らされ、Wi-Fiも整備されて、生徒ひとり1人にタブレットPCやノートPCが割り当てられつつあります。このような環境下では、「せっかく整備したのだから、とにかく使って欲しい」という、各方面からの有言・無言のプレッシャーが強くなるものです。そのためICT利用が最優先となり、授業での必然性が二の次になってしまうような状況が起こりがちです。このような状況を回避するためには、少し立ち止まって、教育でICTが果たす機能（役割）について考え直してみるとよいでしょう。

大きく分けると、ICTが果たす機能は、下の囲みの中に示した5つに分類することができます。(1)は従来からよくいわれていることですが、デジタルのICT機器は繰り返しを厭わないので、何度でも納得いくまで練習につき合ってもらえる、というものです。技能の自動化をめざしたドリル的な練習にはもってこいでしょう。(2)は、様々な情報を蓄積・データベース化しておき、必要に応じて検索して、同僚の先生や生徒たちと瞬時に共有するというものです。これを一歩進めて、言語コーパスなども活用していくと、学びは無限に拡がります。

> (1) 練習
> (2) 蓄積・検索・共有
> (3) コミュニケーション
> (4) 効率化・実質化
> (5) 新しい学びの方法の創出

もちろんこれらも重要な機能なのですが、ICTの真骨頂は(3)～(5)の方にあります。(3)は、本章で述べた「目的や場面を設定して、英語を使いながら学ぶ」という、コミュニケーション指向の学びを具現化するCMC（computer-mediated communication）を支える機能です。離れた場所とのリアルなコミュニケーション場面を教室内に作り出す機能、ともいえるでしょう。(4)は、英作文や発音の自動採点が現実のものとなりつつある今だからこそ（第2章、コラムD「外国語の学びとAI」p.30参照）、脚光を浴びている機能です。つまりICTに任せられるものは任せて、教室内では、人がいなければ成立しない学びに注力するということです。翻訳

アプリを例にとると、避けるのではなく、特徴をうまく利用し学びの効率化をはかり、それにより確保できた時間を使い、教室内では人がいないと成立しない活動に取り組むという考え方になります。(5) は、たとえば、教室内での学びを教室外へ拡張する「**反転学習**」(flipped classroom) のような新しい学びの形態を創り出していく機能です。

　上述したような形で整理しておき、授業での学習目標に合った機能と、それを支えるための機器・環境を適切に選んでいけば、使用に必然性が生まれ、圧力に押されて「とにかく使う」という状況を回避することができるはずです。こうしてみると、目標を起点に手段を考える「**バックワード・デザイン**」の考え方が、ここでも重要であることが分かります。

　　　　　　　　　　　　　　　　　　　　　　　　　　　　　　（竹内　理）

第 2 章　学習指導要領における「学び」
―英語教育の視点から

本章でお話しすること

　この章では、学習指導要領において「学び」はどのように定義づけられているのかを、「主体的」「対話的」「深い学び」というキーワードと関連づけながら、英語教育の視点から検討していきます。理論的なお話で少し退屈されるかもしれませんが、理論とは未来の状況を的確に予測したり、現状をうまく説明したりするために存在しているものです。従って、学習指導要領における「学び」の背後に、どのような理論的なフレームワークがあるのかを知ることで、英語科における「授業づくり」の方向性（未来）が鮮明になるほか、これまでの慣行（現状）のどこを変えていけばよいのかについても、検討することが可能になると考えています。

2.1　「主体的な学び」とは

　現行の学習指導要領では、「**主体的な学び**」が 1 つのキーワードになっています。このキーワードは、2016（平成 28）年 12 月の中央教育審議会答申において、「学ぶことに興味や関心を持ち、（中略）見通しを持って粘り強く取り組み、自己の学習活動を振り返って次につなげる」ことと定義されており、文部科学省（以下、文科省）は、その英訳に proactive learning という表現をあてています（MEXT, 2019）。この proactive という言葉は、「あとづけで対応するのではなく、先回り（予見）して自ら働きかけ、責任を持ってものごとを一定の方向に進めていく」という意味合いがあります。シソーラス（類義語辞典）で taking charge や enterprising（＝having initiative）という言葉と類義語であると示されているのも、合点がいきます。余談ですが、ニキビのお薬の名前に、スペルは若干違うのですが、この proactive と同じような名前を冠しているものがあります。ニキビが満開になる前に、先回りして自ら働きかけ、責任をもって対応していく。ニキビのお薬に何とふさわしいネーミングでしょうか。

2.2　「行為主体性」とは

　筆者はこの proactive learning という英訳に異論はないのですが、agentic learning という別の訳語をあてたい誘惑にも駆られています。その理由は「**エージェンシー**」（agency）、つまり「**行為主体性**」という概念が、主体的な学びを考える際には避けては通れないものだからです（Larsen-Freeman et al., 2021）。そこで agency の形容詞形を使い、agentic learning としてみてもよいのではないか、と考えたわけです。ここでは、そ

の行為主体性について、Larsen-Freeman et al.（2021）や Mercer & Dörnyei（2020）、Takeuchi（2019）、竹内（2020）、Yashima（2012）などの文献を参考にして、説明を加えていきたいと思います。

　言語の運用能力は、「何らかの目的を持った、意味ある使用の中で育つものである」とよくいわれています。ということは、言語の教育では、まず目的を持った使用場面を作り出すことが重要になります。そしてこの目的は、それ自体が言語使用の必然性を有しており、おもしろいと感じられるもの、つまり「**内発的**」（intrinsic）に興味をそそるものであることが望ましいとされています。さらに、目的の設定においては、自分で選択できる余地があればあるほど、言い換えると「**自己決定性**」（self-determination）の度合いが高ければ高いほど、興味の維持が容易になるといわれています。これは何も目的の設定の際だけではなく、学び方（第1章、コラム A「学習方略とは何か」p.16 参照）や学ぶ環境の選択についてもあてはまり、いずれの場合も、自己決定の度合いが大切になります。そして、内発性や自己決定性の高まりの結果として、学びの「**所有（者）意識**」（ownership）が学習者の中に生じることで、言語の学習（いや、あらゆる教科の学習）が促進されていくというわけです。

　しかしこの段階では、どれほど内発的な目的が設定されていたとしても、また、いくら自己決定の度合いが高かったとしても、それは「やりたいという意図」（intent）、つまり「**学習動機づけ**」（learning motivation）の段階にしかすぎないのです。学習者は、これを実際の行動（action）とその継続がともなう「**エンゲージメント**」（engagement：第2章、コラム C「エンゲージメントとは何か」p.28 参照）の段階へと変えていかねばなりません（Sasaki & Takeuchi, 2023）。よくあるケースですが、「やりたいと思っただけで、やった気分になってしまう」というのは、本当に困りものです。コミットメントをもって実際に行動に移さなければ（そして継続しなければ）、何も学べないのですから。そして、適切な行動に移すには、そのための知識や方法を十分に知っている必要があるのです。また行動は、時間の経過とともに移ろうダイナミックなもの（もっと簡単にいうと、調子が出たり、出なかったりするもの）です。そのため、学習行動を高いレベルに保ち続けるには、強い意志（will）と興味（interest）の維持が必要になります。こうなると、情意面での工夫も決しておろそかにすることができない、ということが分かります。つまり、学びを進めていくには、「目的」、「知識・方法」、「情意」の3つの要素との関わりが必要であり、これらに適切に働きかけ、自らの学習に積極的に関わり、自身で方法や環境を選択し、その責任を引き受けていく学習者のことを「**エージェント**」（agent）、つまり「行為主体性を持った学習者」、あるいは「**行為主体者**」とよぶのです。そして、このように学びや環境へ働きかけていく学習者の姿勢と能力（capacity）のことを、エージェンシー、あるいは行為主体性とよぶわけです。[1]

2.3 「自己調整」と何が違うのか

　ここでもう1つ、重要な概念を導入していきましょう。それは、昨今よく耳にする「**自己調整**」(self-regulation) という概念です。この自己調整の考え方を、主として学校場面において展開したものが「**自己調整学習**」(self-regulated learning) となります (Dinsmore et al., 2008)。自己調整とは、学習者が自らの学習過程に積極的に関与し、認知的・情意的な活動を意識的に制御（コントロール）しながら、学習目標を効果的に達成していこうとする、そんな学びのあり方や、これを支える資質のことを指します。自己調整の構成要素としては、3つのものが考えられます。1番目が「**メタ認知**」(metacognition) です。目標を具体的に設定したり、これを小さなステップに分割して計画を立てたり、その遂行をモニターしたり、進捗状況を振り返り、必要に応じて目標や計画を修正したりする。そのための方法と知識からメタ認知は構成されています。いわば、学びを俯瞰的に見る（世阿弥の言葉を借りると「離見の見」の）部分といえるでしょう。2番目の要素は、実際の学習行動（あるいは情報処理の過程）と、それを支える知識に相当する「**認知**」(cognition) の部分となります。さらに行動は時とともに移ろうものなので、目標達成に向けた意欲を維持していくための工夫も、あわせて必要となります。これが3番目の要素である「**情意**」(motivation/emotions) の部分で、その中でも「**自己効力感**」(self-efficacy：特定の課題・状況下で、目標を達成できる可能性を自身が認識していること、あるいは「やればできるかも」という自身の認識）の大切さが、よく指摘されています。そして、これらの3つの要素をうまく活用しながら、目標の達成に向けて効果的に学んでいく過程が自己調整の過程であり、その背後にある能力のことを「**自己調整能力**」(self-regulatory capacity) とよびます。

　ここまでくると、少しデジャビュのような気分になってきますよね。「あれ、先ほどの行為主体性の説明と何が違うのだろう」という疑問がわいてきても、それはしごく当然なことだと思います。ある意味、「自己調整ができている学習者は、行為主体者（agent）である。」（中田、2015, p. 29）といっても間違いがないのですから。では、この2つの概念はどのように違うのでしょうか。それは、行為主体性には、(1) 社会的な関わりの面が強く意識されているということと、(2) 学校だけでなく、一生ずっと続けて学んでいくという面が強調されていること、そして自己調整では、(3) 具体的な行動・方法や学習過程（認知面）の方に焦点がおかれていること、と筆者は考えています。人や社会との関わり合いに重点をおく「**社会・文化的**」(socio-cultural) な教育観によれば、行為主体性は、他者とのやり取り（たとえば、**協働的な学び**）の中で、絶え間なく形を変えて再構築され、再定義されていくものだといわれています。つまり、安定した資質のようなものではなく、学びに参加することで得られる「**関係性**」(relationship) のようなものだということです (Lantolf & Pavlenko, 2001, p. 148)。そしてその関係性は、学びの過程で常にアップデートされていくものであるがゆえに、積極的に学びを続けていこうとする心構

え、つまり「**成長マインドセット**」（growth mindset: Dweck, 2007: 第6章、コラムK「成長マインドセットとは何か」p. 113 参照）によっても支えられている、ということになるのです。こうして考えると、予見性や方向づけの側面を強調する proactive よりも、また、学習目標の達成とその過程での認知的活動に焦点をあてる self-regulated よりも、社会の中での関係性と学びの継続性に重きをおく agentic という訳語の方が、現行の学習指導要領にはよりふさわしいと考えるのは、あながち私の独りよがりではないことが、お分かりいただけるかと思います。

2.4 「対話的な学び」とは

前節で、「行為主体性というのは関係性のようなものである」という考え方を紹介しました。それでは、関係性を支えていくものは何でしょうか。実はこれが、人や社会との「**対話**」（あるいは「対話」を通した学びへの「**参加**」：participation）という行為になります。つまり、学習指導要領の「主体的・対話的で深い学び」の「対話」の部分が、行為主体性の考え方では大切になるというわけです。文科省はこの「対話的な学び」の訳語として interactive learning という表現をあてています（MEXT, 2019）。適切な訳語だと思われますが、collaborative learning や（ソクラテス的に考えて）dialogic learning という表現も十分にあり得るのではないか、と筆者は考えています。

では、一体だれと対話するのでしょうか。教室の中での対話となると、すぐに思いつくのが「教師との対話」でしょう。しかし、これだけでは、従来からの学び方とそう変わらなくなってしまいます。ここで重要となってくるのが、「学習者同士の対話」です。たとえば「**英語で英語を教える**」（all in English）授業では、とかく先生が英語を使うことだけに衆目が集まる傾向があります。[2] しかしより大切なのは、生徒同士が英語を使って行う対話の質である、と多くの研究者が指摘しています（竹内、2015）。このようなことからも、学習者同士の対話は学びの重要な要素の1つである、と位置づけられていることが分かります。

しかし対話の相手は、これだけでは終わりません。「学校をとりまくコミュニティの構成員との対話」も欠かせないのです。なぜならば、教室はもはや教師と生徒だけのものではなく、開かれたもの、言い換えれば、様々な関係者（たとえば地域のボランティアやPTAなど）によっても支えられるものであるべきだからです。加えて、先人の知恵のかたまりともいえる「書物との対話」はどうでしょうか。対話といえばスピーキングという考え方は、実は少し偏っていて、書物との対話、つまりリーディングも対話の一部としてとらえるべきでしょう（竹内、2020）。そして忘れてはならないのは、「自分自身との対話」、つまり「**内省**」・「**振り返り**」（reflection）です。振り返りは、自らを他者のようにとらえ、一段上からメタ（俯瞰）的に学びの過程を見ていく行為となります。その過程で、学びの内容や方法に「**気づき**」（awareness）が生まれ、深い学びへとつながってい

く、というわけです。こうしてみると、中島みゆきの名曲『糸』のごとく、（同時代の）教師や仲間、コミュニティ構成員や自分自身との対話（横糸）と、（過去にさかのぼった）先人たちや社会の叡智の蓄積との対話（縦糸）が織りなす織物（タペストリー）こそが、学びの根幹であるということがよく分かります（竹内、2020）。

　人の脳をコンピュータのように見立て、そこから学びを解明しようとする、これまでの「**心理・認知的**」（psycho-cognitive）な教育観によれば、学びはひとり1人の頭の中で起こっている過程となります。外部とのつながりは、せいぜいインプットやアウトプットという、入口と出口の面で考えられる程度となるでしょう。しかし、社会・文化的な教育観に立てば、学びは人と人とのつながりの中で構築され、調整され、精緻化されていくものとなります。このため、学びが自己調整から「**協働調整**」（co-regulation）、さらには「**社会的に共有された調整**」（socially shared regulation）というように、他者や社会の存在と、それらとの交渉を前提にしたものへと進化を遂げつつあるのです（Hadwin & Oshige, 2011, Takeuchi & Ikeda, 2018）。そしてそこでは、学びの仲間（教師も含む）が、対話を通してお互いに「**足場**」（scaffolding）をかけ合い、活動の難易度を調整し合い、相互の思考過程を深めていく、そんな関係性が求められているのです。

2.5 「深い学び」とは

　前節ではさらりと述べましたが、では「深い学び」とは一体どんな学びのことを指すのでしょうか。文科省は、この表現の英訳に authentic learning をあてています（MEXT, 2019）。他者のコピーではなく、オリジナルで、各人の目的に適った学びの過程という意味では、適切な表現かと思います。しかし、学びの「**精緻化**」（elaboration：北尾、2020）、そしてその結果としての知識・技能の「**再構築**」（reconstruction）という観点からみれば、in-depth learning あるいは deeper learning という表現を使ってみてもよいかもしれません（図2-1参照）。ちなみに、deep learning は AI（人工知能）の「**深層学習（ディープラーニング）**」のことを意味するため、避けた方がよいでしょう。

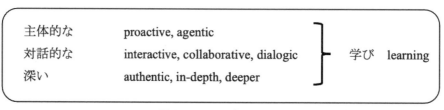

図2-1　それぞれの訳語

　さて、上述の学びの精緻化とはどういう意味でしょうか。これは新しい概念を既知の概念と結びつけたり、既知の概念同士をつないだり（点と点を結ぶ）、学習内容を自身の生活や経験、記憶と関連づけたりして、学びを意味づけ、深化させていく過程のことを指し

ています。そして、深化の結果、知識や技能が再構築されていきます。この過程をより効果的に行うためには、教師や仲間との対話が重要となります。たとえば、外国語学習でよく行われる「**繰り返し**」（repetition）は、どうしても機械的になりがちで、感情的にもコミットしづらく、なかなか精緻化が起こりにくい活動です。しかし、そこへ場面や状況を設定し、その性質を変化させ、さらに教師や仲間が様々な（即興的な）発問やフィードバックを提供して対話の形式にしていけば、その過程で「思考・判断・表現」が生じ、感情的な関与も起こり、学びが深まっていく可能性がより高くなるのです。[3] なお、このような場面や状況が設定された繰り返しのことを、**iteration** とよぶことがあります（Larsen-Freeman, 2012）。

　では、どのような時に精緻化や再構築（つまり、深い学びの過程）が起こりやすいのか、まとめてみましょう。まずは上述したように、既知の情報と新しい情報が結びついたときや、自分の経験や記憶に別の情報がつながったときが考えられます。さらには、新しい情報が特定のコミュニケーションの場面や状況、そしてそこで喚起される感情と結びついたときも、深い学びは起こりやすいといわれています。ここまでは結びついたときばかりをあげていますが、結びつかない場合（これを「**認知的不協和**」の状態とよびます）でも、「なぜだろう」と考えることで、深い学びの過程が促進されることもあります。この場合、不快な感情をともなうことが多いため、より一層、仲間の学習者や教師からの足場かけや、情意面への働きかけ（激励など）が必要となるほか、考えの新奇性や誤りを許容し、打ちとけて話ができる「**ラポール**」（rapport）、あるいは（学習者同士の）「**同僚性**」や「**仲間意識**」が生じやすい、そんな教室環境の醸成も必要となってきます。

2.6　おわりに－「わざわざ」「そもそも」論にあらがって－

　ここまで読んでいただいた読者の中には、「話は分かったが、こんな理論にもとづく教育実践を、わざわざ英語の授業でしなくてもよいのではないのか」と疑問を持たれる方もおられると思います。つまり、「理念は分かったが、他の教科でやってくれ」という論法です。そもそも英語の授業では、文法や単語を覚えて「なんぼのもの」（大阪弁で「価値がある」という意味）、テキストを読んだり、リスニングをしたり、発音の矯正をしたり、ライティングをしたりで「なんぼのもの」という考え方が根強いようです。「英語の学習はスポーツのトレーニングと同じだから、とにかくインプットやアウトプットの練習に時間をかけることが大切だ」という主張もよく耳にします。確かに、英語のような「**技能の自動化**」（skill automatization/entrenchment）に向けての練習がとても大切な科目においては、貴重な練習時間が、上述してきたような思考・判断を強調する学び方に取られることへの抵抗感が強いのも十分に理解ができます（実際、私も英語教師のはしくれとして、こうした主張に共感する部分があります）。しかしこれからは、そういった自動化に向けた練習が、教室の外でも可能な時代なのです。ICT機器・環境や「**反転学習**」など

の方法の進化のおかげで、教室の内でやっていたことを教室の外に出して学ぶことが、これからはどんどん容易になっていくはずなのです（第1章、コラムB「ICTに振り回されないために」p. 18参照）。であるとするならば、教室内では、教師を含む仲間が存在しているからこそ成立するような、対話的で深い学びにより多くの時間と労力を割いていくべきだという主張も、決して的外れなものではないと筆者は考えています。[4]

　自分で目標を定め、計画を立て、方法を選び、仲間を見つけて対話を通して協働し、学習過程を振り返って、必要に応じて目標や計画、方法などを調整していく。このようなやり方、つまり、「主体的・対話的で深い学び」を実践し、身につけていかなければ、学校を出てからも一生涯学び続けていくことが求められるこれからの社会では、かなりの困難がともなうのではないか、と予想されます。そのため、現行の学習指導要領では、すべての校種・教科において、本章で説明したような学び方を推し進めていくことを求めているのです。それゆえ、高校の英語でも、このような学び方を基本にした新しい形態の授業を、次の時代を生きる生徒たちを資する「播種（はしゅ）の試み」、あるいは「エンパワーメント」（empowerment）の一環として位置づけて、「わざわざ」「そもそも」論で骨抜きにせず、しっかりと実践していきたいものです。

　この章では、理論的なフレームワークに重きをおいて話を進めてきました。具体的な実践の方法については、第5章の「学習指導要領にもとづいた授業づくり」へお進みいただきたいと思います。そこで展開されている方法が、本章のどの部分と、どのように対応しているのかを考えながら読み進まれることで、新たな気づきや方向性がきっと見つかるものと、筆者は確信しております。

注
1. 行為主体性を「能力」としてとらえる研究者もいれば、「姿勢」や「状態」としてとらえる研究者もいるため、ここでは「姿勢と能力」という書き方にしました。
2. 教員が英語を使うか否かは、生徒の英語力、教える内容、そして場面・状況の必然性等によって決定されるべきです。ちなみに、必要に応じて生徒の母語も利用すべきという考え方が、世界の英語教育現場のトレンドになりつつあること（竹内、2015）は、ここで押さえておく必要があるでしょう。
3. 繰り返しだけでなく、languaging（思考・学習過程の言語化）の活動においても、同じように、他者の存在が重要であるといわれています（Swain, et al. 2011）。
4. もちろん新しい学びの方法を導入するからには、教員研修をしっかり行うことは大前提です。

確認してみよう

1. 主体的な学びについて、自分の言葉で説明してみよう。
2. 深い学びをひき起こす方法を、英語の教室場面で考えてみよう。

おすすめの 1 冊

Larsen-Freeman, D., Driver, P., Gao, X., & Mercer, S. (2021). *Learner agency: Maximizing learner potential*. Oxford University Press.
◆第一線で活躍する 4 名の研究者が、言語教育の観点から、agency の大切さと、これを高める具体的な方法について平易な英語で解説しています。Oxford 大学出版局のウェブページからダウンロードが可能です。

▶参考文献

Dinsmore, D. L., Alexander, P. A., & Loughlin, S. M. (2008). Focusing the conceptual lens on metacognition, self-regulation, and self-regulated learning. *Educational Psychology Review, 20* (4), 391-409.
Dweck, C. S. (2007). *Mindset: The new psychology of success*. Ballantine Books.
Hadwin, A., & Oshige, M. (2011). Self-regulation, coregulation, and socially shared regulation: Exploring perspectives of social in self-regulated learning theory. *Teachers College Record, 113* (2), 240-264.
北尾倫彦（2020）．『「深い学び」の科学―精緻化、メタ認知、主体的な学び』図書文化社
Lantolf, J. P., & Pavlenko, A. (2001). (S) econd (L) anguage (A) ctivity: Understanding learners as people. In M. P. Breen (ed.), *Learner contributions to language learning: New directions in research* (pp. 141-158). Pearson.
Larsen-Freeman, D. (2012). On the roles of repetition in language teaching and learning. *Applied Linguistics Review, 3* (2), 195-210.
Larsen-Freeman, D., Driver, P., Gao, X., & Mercer, S. (2021). *Learner agency: Maximizing learner potential*. Oxford University Press.
Mercer, S., & Dörnyei, Z. (2020). *Engaging language learners in contemporary classrooms*. Cambridge University Press.（邦訳『外国語学習者エンゲージメント』アルク選書）
MEXT (2019). *Overview of the Ministry of Education, Culture, Sports, Science and Technology*. MEXT.
中田賀之（2015）．学習者のオートノミーとは何か　中田賀之（編）『自分で学んでいける生徒を育てる―学習者オートノミーへの挑戦』（pp. 17-54）．ひつじ書房
Sasaki, A., & Takeuchi, O. (2023). *Thinking* converts *intent* into *action*: The role of metacognition in Japanese EFL university students' engagement in e-learning. *Annual Review of English Language Education in Japan (ARELE), 34*, 33-48.
Swain, M., Kinnear, P., & Steinman, L. (2011). *Sociocultural theory in second language education: An introduction through narratives*. Multilingual Matters.
竹内　理（2015）．教室内のおける適切な L2（英語）使用をめざして：Code-switching の指針を考える『中学校　英語で授業―ここがポイント』（pp. 2-3）．三省堂
竹内　理（2020）．何に着目すれば良いのだろうか―英語授業改善の具体的な視点を考える　淺川和也、田地野彰、小田眞幸（編）『英語授業学の最前線』JACET 応用言語学研究シリーズ（1）第 4 章（pp. 73-88）．ひつじ書房
Takeuchi, O. (2019). Language learning strategies: Insights from the past and directions for the future. In X. Gao (Ed.), *Second handbook of English language teaching* (pp. 683-702). Springer.
Takeuchi, O., & Ikeda, M. (2018). Situating metacognition in context: Importance of others and affect in metacognitive interventions. In M. C. W. Yip (Ed.), *Cognition, metacognition and academic performance: An East Asian perspective* (pp. 89-100). Routledge.
Yashima, T. (2012). Agency in second language acquisition. In C. A. Chapelle (Ed.), *The encyclopedia of applied linguistics*. Blackwell.

コラムC　エンゲージメントとは何か

　英語教育で、昨今、「エンゲージメント」(engagement/student engagement) という言葉を耳にする機会が増えてきました（Mercer & Dörnyei, 2020）。エンゲージメントと聞くと、「婚約」という意味を連想する場合も多いでしょうが、ここでは辞書の項目でいうならば3番目くらいに出てくる語義、つまり「関わり合い」「関与」という意味で使われています。もう少し具体的にいうと、「外国語の学びに学習者が時間や努力、認知資源やエネルギーをどれだけ投下するのか」、あるいは「学習者が、どれだけの時間、あるいはどの程度の深さで、外国語の学びに集中的に関わるのか」の度合いであると解釈してもよいでしょう。この言葉は、残念ながら適訳がないため、そのままエンゲージメントとカタカナで使われていることが多いようです。

　エンゲージメントにはいくつかの側面があるといわれており、学習者が学びの場に積極的に貢献（意見を表明したり、質問をしたり）する度合いのことを「**主体的エンゲージメント**」(agentic engagement)、どの程度の熱意や真剣さをもって学習行動を起こすかを「**行動的エンゲージメント**」(behavioral engagement)、どのような感情を持って学習に接するのかを「**感情的エンゲージメント**」(emotional engagement)、そしてどのくらいの深さでインプットを処理していくのかを「**認知的エンゲージメント**」(cognitive engagement) とよんでいます（Reeve & Tseng, 2011）。

　「どうもこの生徒はやる気が感じられない」とか「受け身である」というと、この場合は学びの機会への積極的な働きかけや関与の度合いに相当する主体的エンゲージメントが低いということになり、「あの生徒はやる気はあるのだけど、真剣な学習行動が長い時間ともなわない」などといわれると、これは動機が行動的エンゲージメントの強さに反映されていない事例だと解釈することができるでしょう。さらに、「学びが楽しくなさそう」「やっていることに興味がなさそう」となると感情的エンゲージメントの度合いが低いということになるでしょう。また、「あの生徒は長い時間かけて一生懸命学んでいるのだけど、いまいち学習成果に結びつかない」といわれることもありますが、これは動機や行動的エンゲージメントのレベルは高いけれども、認知的エンゲージメントのレベルが低い（つまり情報の深い処理が行われていない）のかもしれません。

　私たちは、学習者の動機づけについてはおおいに関心を持って話をするのですが、それが学習者のエンゲージメント、つまり学びへの関与をどの程度強くひき起こしているのかについては、あまり話題にしません。さらに、最近の研究では、動機が高く

ても、学びの方法（第1章、コラムA「学習方略とは何か」p.16参照）を知らなければ、エンゲージメントは起きないともいわれています。このような点を十分に肝に銘じて、動機づけ、学習方法、そしてエンゲージメントの3要因をセットで考えるような習慣を、これからは持つ必要がありそうです。

（竹内　理）

▶参考文献
Mercer, S., & Dörnyei, Z. (2020). *Engaging language learners in contemporary classrooms*. Cambridge University Press.（邦訳『外国語学習者エンゲージメント』アルク選書）
Reeve, J., & Tseng, C.-M. (2011). Agency as a fourth aspect of students' engagement during learning activities. *Contemporary Educational Psychology, 36* (4), 257-267.

コラムD　外国語の学びとAI

「DeepLやChatGPT*が出てきたので、外国語（英語）の学びは必要なくなるのではないか」。こんな質問を受けることが多くなってきました。DeepLとは、「**機械翻訳**」（machine translation）のサービスで、日本語（英語）の文章を入れると瞬時に英語（日本語）に翻訳してくれる優れものです（30余の言語で対応可能）。これと関連したDeepL Writeという別のサービスを使うと、「**人工知能**」（artificial intelligence：AI）を活用して、文法の修正やスタイルの書き直しまで提案してくれます。一方、ChatGPT（GPT: Generative Pre-trained Transformer）は、Q&A形式で利用者とやり取りしながら、様々な質問や要望に対する答えを生成してくれる「**機械学習**」（machine learning）のモデルの1つです。使い方によっては、エッセイを代筆させたり、文章を推敲させたり、調べものをさせたり、会話練習の相手をさせたり、作文を採点させたりすることも可能で、学習の「**個別最適化**」に大きな力を発揮するのではないかといわれています。

　これらのAIシステムは、私たちが学んだり、教えたりする方法を根本的に変えてしまうかもしれない、といわれています。あまりに革命的な出来事のため、利・活用がすべてを解決してくれるという希望的な観測を持つ人もいれば、食わず嫌いとなり背を向ける人もいたり、問題点を指摘して教育での利用は避けるべきだと主張する人もいたりと、混沌とした状況が生まれています。

　私個人は、上記のどの姿勢も望ましいものとは思っていません。1番目の姿勢を取り、あらゆることをAIシステムに依存するようになると、昨今の教育が大切にしている「**主体性**」が育たないばかりか、これからの社会を生き抜くために必要な情報を吟味する力、つまり「**批判的な思考力**」も育ちません。また、私企業が提供するシステムであるため、利益やバイアスと無縁ではないということも理解しておく必要があります。かといって後者2つのような姿勢をとり続けると、AIシステムがあたりまえの社会の中で生きていく生徒の将来への備えを、教育が放棄したということにもなりかねません。

　では、このような混沌とした状況下で、教師はどのような姿勢でAIシステムの利用に向き合えばよいのでしょうか。それについては様々な議論があるかと思いますが、当面の間は、AIシステムへの過度な依存を避け、従来の教育方法への補完的存在としていろいろと試行しながら利用していくことが大切ではないか、と私は考えています。また、英語教育についていえば、生成された翻訳の善し悪しの判定、書き直

し提案に関する可否の判断、さらには情報の正誤の判断などに関する能力は、これからも確実に必要となってくるため、「もう英語教育は必要ない」というような粗い議論に安易に組せず、これからはどこに注力していけばよいのか、ということをよく考えていくことが大切になると思っています。なお、「英作文の採点作業などをAIで自動化し、教師は個々の生徒へのフィードバックに注力する」といった効率化や個別化へとうまく向かうことができれば、これはAIシステムのよい利用法となるという点では、識者の意見が一致していることもつけ加えておきたいと思います。

(竹内　理)

＊現時点（2024年3月）で、類似の機能を持つ翻訳サービスとしてはGoogle Translateなどが、また、ChatGPTと類似のサービスとしては、GeminiやClaude AIなどがあります。

第3章　学習指導要領と CEFR

本章でお話しすること

　この章では学習指導要領への理解を深めるため、その背景にある「ヨーロッパ言語共通参照枠（CEFR）」（Council of Europe, 2001）における言語能力観や学習観・指導観と、現行課程における指導と評価のポイントとの関係について考えていきます。学習指導要領の改訂前から中高では「CAN-DO リスト」の形で学習到達目標を設定することが推奨されてきましたが、今回の学習指導要領においては、技能の5つの領域（従来の4技能のうち、「話すこと」が「発表」と「やり取り」に分かれました。学習指導要領上では技能ではなく、領域とよばれます）のそれぞれにおいて、「〜ができるようにする」といった能力記述文が目標として掲げられ、教科書にも反映されることになりました。こうした CAN-DO や5領域の学習指導要領への導入においては、CEFR が参考にされています。よって、CEFR の行動中心アプローチや学習者自律性、さらには複言語複文化主義の考え方を深く理解することで、資質・能力の3つの柱にもとづいた指導と観点別学習状況評価の理解を深めることを、本章の目的としたいと思います。

3.1　そもそも CEFR とは？：参照枠と行動中心アプローチ

　CEFR は「Common European Framework of Reference for Languages: Learning, teaching, assessment」の略称で、欧州評議会（Council of Europe）によって 2001 年にまとめられました。CEFR というと言語能力の熟達（proficiency）段階を「〜することができる」といった「**能力記述文**」（descriptor）によって記した**レベル**というイメージがあるかもしれませんが、名前が示しているように、学習、教授、評価における「**参照枠**」として開発されたものであり、評価だけでなく学習や指導の指針となり、「**見通し**」と「**透明性**」（transparency）をもたらすものです。

　CEFR は、出版されるまでにヨーロッパにおいて30年以上の研究と実践の蓄積があり、その考え方は70年代の「**機能・概念シラバス**」（notional-functional syllabus）にさかのぼります。いずれの言語でも汎用的に利用できるように機能面に焦点が置かれ、個別言語における語彙や文法にもとづいた「**構造シラバス**」（structural syllabus）をもちいていない点にも特徴があります。こうしたコミュニケーション観が CEFR における「**行動中心（指向）アプローチ**」（action-oriented approach）（Piccardo & North, 2019）へとつながっていきます。

3.2　CEFRをもう少し理解すると？：複言語複文化主義と学習者自律性

　CEFRを理解するためにもう1つ重要なのは、その歴史的背景と地理的状況です。欧州評議会は言語や文化の優劣をつけることへの歴史的反省から、すべての言語は対等であり、必要なときに必要なだけの言語能力を身につけ、複数の言語が同時に個々人の中に存在するといった「**複言語複文化主義**」（plurilingualism and pluriculturalism）を提唱しています。

　これは人を言語や文化のグループで同定・識別する考え方や、多数派（majority）と少数派（minority）とで区別したり、時には差別したりする考え方とは異なり、ネイティブ話者至上主義の価値観から脱却するものでもあります。目標を具体的にイメージできない学習者は、ネイティブ話者のようになりたいといった願望をよく口にしますが、対象言語の母語話者レベルまで言葉を身につける必要性は実際にはないかもしれません。

　どのような力を、どこまで、なぜつけたいのかといった自己のニーズの分析にもとづいて、「できるようになりたい力」（CAN-DO）を具体的に想起できるようになることで、現実的に到達可能な目標設定をすることができるようになります。そのことは理想自己を掲げたり、現実自己に引きずられたりし過ぎずに、可能自己を見つめることにもなり、自己実現の動機づけにもつながります。

　また、CEFRでは、言語学習を教室で完結するものでなく、「**生涯学習**」（lifelong learning）であるとしてとらえています。CEFRでは「**言語パスポート**」（Language Passport）が発行されるなどし、EU圏内での労働力の流通性を高めることにも役立っています。言語学習は教師によって与えられるものでなく、学習者が**所有権**（ownership）を持つものであり、自分の必要性に応じて自ら学ぶものであるといった「**学習者自律性**」（learner autonomy）を重視する考え方は、そうした背景から生まれています。

3.3　レベルなのかプロファイルなのか？

　CEFRはA1、A2、B1、B2、C1、C2の6つのレベルに分かれており、大学入試における外部試験利用が検討された際にも、各試験での異なるレベルやスコアの能力基準（スタンダード）をつなぎ、相互に参照可能なものとするための橋渡しの役割が期待されました。実際にヨーロッパでもケンブリッジ英語検定などの各国の検定試験のレベルをCEFRにもとづいて整理する試みがなされており、労働の能力証明の解釈にぶれがなくなるといった経済的な動機も普及の背景にありました。

　また現在では多くの辞書や教材などがCEFRでレベルづけされるようになりつつあり、日本の現行課程でも中学校ではA1〜A2レベル、高校ではA2〜B1レベルの到達を目安として示されています。

　このようにCEFRが便利な指標としてもちいられる一方で、こうして学習者の言語能力を画一的にレベルとしてとらえることには危険性もあります。もともとCEFRでは言

語パスポートなどの記述でも、全体の CEFR レベルではなく、各技能のレベルをそれぞれ個別に棒グラフで示しており、言語発達的過程における**部分的能力**（partial competence）を肯定的にとらえる姿勢が示されていました（Heyworth, 2004）。

2018 年に出版された CEFR の補遺版（Companion Volume：CV）（以下、CEFR/CV）（Council of Europe, 2018, 2020）では、その考えをさらに進めて、「**プロファイル**」（profile）として個々の言語活動における CAN-DO の到達レベルをレーダーチャートのような形で図示する見せ方を提案しています。言語能力は人の横顔（profile）のように凹凸があるのが自然であり、レベルに注目し過ぎるのでなく、個別にできるようになったことの積み重ねであるとの認識を持つことが重要です（North, 2014）。

CEFR の共通参照枠の能力記述では、それぞれのレベルで特徴的にできるようになることの弁別的な特徴が示されており、個別の活動の発達段階に関しては必ずしも明示的ではありません。一方、CEFR/CV はそれぞれの特定の言語活動で具体的に何ができるようになっているのかを段階的に示す「**能力記述尺度**」（illustrative scale）を中心に編纂されており、言語活動の設計にあたり、1 つ前のレベルの足場を必要とする到達段階や、1 つ上のレベルの発展的で挑戦的な到達段階を意識する際に参考となるものとなっています。

3.4　初学者でも、学習者ではなく使用者

CEFR のベースとなった資料として、各レベルの言語使用者の持つ言語機能や概念、それを実現する文構造及び例文の詳細なリストをまとめた、Threshold シリーズとよばれる一連の書籍があります（van Ek & Trim, 2001a, 2001b, 2001c）。まず出版されたのが B1 レベルにあたる自立的使用者への「敷居」を示す Threshold レベルで、その後、その前後のレベルの教育・学習上の需要から、そこに至る A2 レベルの Waystage レベル、さらに一歩先の B2 レベルの Vantage レベルが出版されました。

C 熟達的使用者 Proficient User	C2	Mastery
	C1	Effective Operational Proficiency
B 自立的使用者 Independent User	B2	Vantage
	B1	Threshold
A 基礎的使用者 Basic User	A2	Waystage
	A1	Breakthrough

表 3-1　CEFR レベルの枝分かれと名称

CEFR のレベルは、記号としての A1〜C2 のレベルとは別に、上の表 3-1 に示すように、各レベルに意味のある名称がつけられています。CEFR では初学者であっても使用者である（第 1 章参照）と位置づけており、できることを積み上げていく考えは、A1 レベ

ルの Breakthrough レベルの名称にも表れています。また、B1 レベルが自立的使用者の到達基準となる Threshold であることも分かり、A、B、C の使用者のレベルが枝分かれして各レベルが位置づけられていることも見て取れます。なお、日本の英語教育の文脈に合わせて作成された CEFR-J（投野、2013；投野・根岸、2020）では、B2 以下のレベルをさらに細分化して、Pre-A1、A1.1、A1.2、A1.3、A2.1、A2.2 …とするなど、12 レベルに分けており、より細やかな能力発達の段階が示されています。

現行課程にあたって国立教育政策研究所により出された『「指導と評価の一体化」のための学習評価に関する参考資料（中学校外国語）』（2020）では、言語活動を通して「知識・技能」「思考力・判断力・表現力」「学びに向かう力、人間性等」などの資質・能力を育成するとされており（図 3-1）、CEFR の行動中心アプローチにもとづく指導と評価を考える上で、高校においても参考となります。

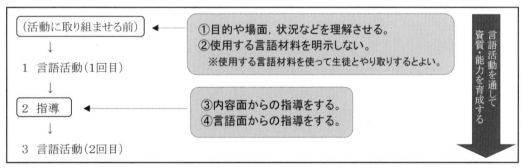

図 3-1 「使用⇒学習⇒使用」の学びのスパイラル
（『「指導と評価の一体化」のための学習評価に関する参考資料（中学校外国語）』より）

言語活動を通して資質・能力を育成するためには、学習者ではなく、使用者として何ができるかを意識させ、「**使用⇒学習⇒使用**」という言語活動の流れを作ることが推奨されています。使用から始めるには、使用する場面や状況をしっかりと認識し、コミュニケーションの目的を意識した上で、自分の力で既習の言語材料を活用しながら言語活動の課題達成を試みる機会を与えることが重要となります。実際に使ってみることで必要な言語材料の学習への動機づけが高まり、それを再度使ってみることで、できるようになった「**自己効力感**」（self-efficacy：第 2 章参照）を得ることができます。

従来の教育では先に言語材料を与えて、それを練習し、そのあとで活動を行うといった「**PPP モデル**」（Presentation-Practice-Production）が多く行われていましたが、その発想を転換する必要があります。中学校外国語の文部科学省教科調査官であった山田誠志先生は、その著書（山田、2018）の中で、「使いながら身に付ける 〜言語活動を通して指導する〜」と「間違いながら身に付ける 〜生徒の誤りは最上の教材〜」という、2 つの教師の指導観の変容が必要であると述べています。

小学校外国語では、体系的な文法指導は行わず、必要に応じた言語材料をもちいながら

言語活動を行うアプローチが取り入れられていますが、中学校や高等学校の段階でもそうした使用を前提とした学習観や指導観を大事にしつつ、言語の体系性への「**メタ言語的な気づき**」を高めていき、より正確な言語のコントロールや発話のモニタリングと自己訂正を行えるようにしていくことが求められるでしょう。また、クラスの支援的風土の中で、よい意味での「**言語的挫折**」(linguistic breakdown)（迫田、2008）を味わい、それを乗り越えていく経験をさせることで、CEFR でも重視されている自立的な使用者となる上で必要となる方略的な能力（第 1 章、コラム A「学習方略とは何か」p. 16 参照）が身についていくことが期待できます。

3.5　CEFR と 5 領域のコミュニケーション観

　現行課程では従来の 4 技能の指導と評価から 5 領域の指導と評価へと大きくシフトしました。これは CEFR で 5 つの技能領域に分けて参照枠が作成されていることを受けてのことで、「話すこと」が「やり取り」と「発表」に分かれていることが大きな違いです。これまでは書いたものをベースとして発表をするといった準備型の活動だけでもパフォーマンス評価が成立していましたが、これからはより即興的に応答する力や会話を継続する力なども総括的評価に含める必要があります。CEFR では先に述べた補遺版の CEFR/CV において、こうした 5 つの技能を並列にとらえるのではなく、4 つの「**コミュニケーションモード**」（受容、産出、やり取り、仲介：図 3-2）としてとらえるコミュニケーション観が強調されています。実際に改訂版である補遺版の参照枠では、「**やり取り**」(interaction) のモードで口頭でのやり取りに加えて、オンラインを含めた書く活動でのやり取り（online & written interaction）が含まれるようになりました。

　オンラインにおけるやり取りは、CEFR の開発当初にも検討がされたようですが、時代的にまだ早いとして見送られていたものが、社会的ニーズの高まりを受けて新たに追加されたようです。GIGA スクール構想（第 1 章、コラム B「ICT に振り回されないために」p. 18 参照）で小中学校では 1 人 1 台の端末が実現されるようになりましたが、ICT は指導や学習の支援の道具として使われるだけでなく、書き言葉でのやり取りを活用したコミュニケーションのあり方も変えつつあり、そうした力をどうとらえて指導するかが今後の課題となっていくでしょう。

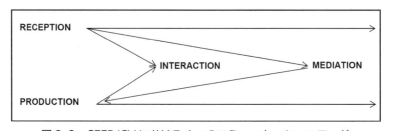

図 3-2　CEFR/CV における 4 つのコミュニケーションモード

こうしたコミュニケーションモードの考え方は、受容（reception）モードである「聞くこと」と「読むこと」を関連づけてパラレルに扱うことにもつながります。高等学校学習指導要領の受信領域の目標は、日常的話題と社会的話題に大きく分かれており、下位技能の目標の切り分けはされていませんが、中学校の目標では、ア）必要な情報理解、イ）概要理解、ウ）要点理解に整理されており、「聞くこと」と「読むこと」で共通しています。

さらに CEFR/CV では、コミュニケーション活動におけるマクロ機能による下記のような分類が紹介されており、それぞれのモードでの尺度例が示されています。

[1]「創造・対人言語使用（Creative, Interpersonal Language Use）」
[2]「取引・交渉言語使用（Transactional Language Use）」
[3]「評価・問題解決言語使用（Evaluative, Problem-solving Language Use）」

たとえば、産出（production）モードでは、持続的発話（sustained monologue）の言語活動として、それぞれ経験描写[1]（describing experience）、情報提供[2]（giving information）、論証[3]（presenting a case）を例とする一方で、やり取り（interaction）モードでは、会話[1]（conversation）、取引[2]（obtaining goods and services）と情報交換[2]（information exchange）、議論[3]（discussion）の言語活動を例としており、CAN-DO を大きな柱で整理する上で参考になります。（[ ]の番号は上記囲み内の尺度に関連）

3.6　思考力・判断力・表現力と行動中心アプローチ

現行課程では育成すべき3つの資質・能力として「知識及び技能」だけでなく、「思考力、判断力、表現力等」と「学びに向かう力、人間性等」の指導と評価が求められるようになりました。言語活動において、思考し、判断し、それを表現へとつなげる上では、図3-1 にも示したように、思考をうながす活動の「目的や場面、状況」の設定と理解が欠かせません（第1章、第5章参照）。

その際には、外国語によるコミュニケーションにおける「見方・考え方」をいかに働かせるかが重要となり、学習指導要領解説では、「外国語で表現し伝え合うため、外国語やその背景にある文化を、社会や世界、他者との関わりに着目して捉え、コミュニケーションを行う目的や場面、状況等に応じて、情報を整理しながら考えなどを形成し、再構築すること」と示されています。

CEFR では行動中心アプローチのもとで、「言語を使って何ができるか」といった「**課題遂行能力**」を重視しており、学習者を生きた社会の中で主体的に行動する存在として、「**社会的行為者**」（social agent）であるととらえています（2.2 及び 2.3 参照）。その背景には複言語複文化主義の考え方があり、社会に十全に参画できるように、相手や文脈を意識して言葉を使う力を育てていくことは学習指導要領のねらいとも合致しています。

「見方・考え方」にあるように、外国語やその背景にある文化を、社会や世界、他者との関わりに着目してとらえる上では、言語や文化の多様性を認識し、互いの価値観やアイデンティティを尊重し、相互理解を育むような「**相互文化的コミュニケーション能力**」（intercultural communicative competence; Byram, 2021）を育てる意識も重要となるでしょう。

CEFR/CV では「**複言語複文化能力**」（plurilingual and pluricultural competence）の尺度が示されており、コミュニケーションモードの 1 つとして追加された**仲介**（mediation）の一部にも含まれています。文化を広い意味でとらえ、同じ母語話者同士であっても異なる価値観を持つ他者と交わる際に、場面・状況の中で相手に応じて思考や判断をしながら、適切にコミュニケーションの取り方を変えることが、将来的な異文化間能力の育成につながっていくものと思われます。なお、仲介モードは、通訳や翻訳などのそれまでの仲介から拡大し、情報を伝えたり、まとめたり、データを説明するなどの「テキスト」の仲介、協同作業や対話を通して思考を形成する「概念」の仲介、衝突を防ぐための折衝なども含む相互文化的「コミュニケーション」の仲介の 3 つの仲介からなります。

3.7　学びに向かう力と学習者自律性

3 つの資質・能力の 1 つである「学びに向かう力」は観点別学習状況評価においては「主体的に学習に取り組む態度」として記録に残す評価が行われます。これまでの観点別評価では「コミュニケーションへの関心・意欲・態度」として評価をされており、ともすると、授業における挙手や課題提出や授業外での自立的な学習などの測りやすい側面から評価されがちでした。現行課程の観点別評価では、学習態度を「**粘り強さ**」と「**自己調整**」（第 2 章参照）の 2 つの側面から測ろうとしています。

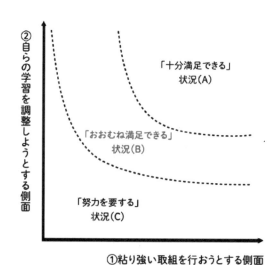

図 3-3　「主体的に学習に取り組む態度」の評価の 2 つの側面（『「指導と評価の一体化」のための学習評価に関する参考資料（高等学校外国語）』国立教育政策研究所（2021）より）

図3-3にあるように、2つの側面を満たしていることが重要であり、受け身的に与えられた課題に対して粘り強く学習へ取り組みを続けるだけでは評価をされず、また、目標達成に向けた自己調整をしていても課題達成に取り組み続けられないようではそれも高い評価とはなりません。図のイメージからは、とりわけ自己調整をする側面が重要であり、取り組みを続けるだけでは「努力を要する」段階の評価となりうることも伺えます。

『「指導と評価の一体化」のための学習評価に関する参考資料（中学校外国語）』における自己調整を図ることができるようにするための指導の説明では、学習後の振り返りだけでなく、学習開始時点で目標達成のための工夫について考えたり、学習の途中段階で「**ピアフィードバック**」等も取り入れながら、現在の状況を確認したりするなどの振り返りの工夫が示されています。振り返りにおいては、課題達成などの条件を与えるなどして振り返りの視点を与え、できるようになったことの変容の自覚や理由を考えさせることも有効となります。

こうした学びの力を高める学習のサイクルは、自己調整学習（第1章、コラムA「学習方略とは何か」p.16参照）における「**予見**」「**遂行統制**」「**自己省察**」のサイクルとも対応しています。CAN-DOをもちいて学習の見通しを立て、できるであろうという学習達成への自己効力を感じ、学習途中で自己の学習のモニタリングを行いながら学習の工夫を行い、最後に結果の自己評価と振り返りを行い、次の学習へとつなげていきます。

CEFRでは参照枠だけでなく、「**ヨーロッパ言語ポートフォリオ**」（European Language Portfolio：ELP）とよばれるポートフォリオ評価がもちいられており（Lenz, 2004）、生涯学習の前提のもとでの自律的学習が尊重されています。ポートフォリオというと、教師の指示のもとでワークシートなどのファイルを行うことが想像されますが、ELPではCAN-DOリストにもとづいた自己評価の証拠として、学習者が自らのパフォーマンスのうち記録に残したいものを選択する**自己決定**が重要となります。

また、自律学習（autonomous learning）は自立学習（independent learning）とは異なり、教室の外で、1人で学習をすることを必ずしも意味しません。教師や仲間の支援などの足場を利用しながら、教室での課題遂行にあたって、自ら目標の設定と調整やその達成のための手立ての工夫を行い、学習途中での達成状況を認識し、課題達成の自己評価を行って、次の達成に向けた気づきを得るといったような学習のプロセスに自律的に関わることがその本質です。そのためには「使用⇒学習⇒使用」のサイクルを意識し、パフォーマンスの改善の機会を設けて、単元内または単元をまたいで、学習と学習が生徒の意識の中でつながり、個人的関与が深まり、自らの学習への主体性を感じられるようになる働きかけを行うことが必要となるでしょう。

『「指導と評価の一体化」のための学習評価に関する参考資料（高等学校外国語）』（以下、「参考資料」）では、「主体的に学習に取り組む態度」は、学習の自己調整をする姿だけでなく、パフォーマンス評価において、「思考・判断・表現」と一体的に見取る方法も

示されています。つまり、学習態度だけでなく、これまでの観点別評価にもあったコミュニケーションに向かう態度とも不可分の関係であり、「主体的に学習に取り組む態度」の評価には、主体的に言語活動に取り組む姿を見取ることも含まれると考えられます。

> ①「思考・判断・表現」の評価と一体的にパフォーマンステスト等で行う評価
>   ⇒主体的に言語活動に取り組む態度（コミュニケーションへの態度）
> ② 生徒が自己の学習を調整しようとする状況（自己調整）の観察にもとづく評価
>   ⇒主体的に学習に取り組む態度（学びに向かう力）

実際に高等学校の学習指導要領の「学びに向かう力」の目標には、「外国語の背景にある文化に対する理解を深め、聞き手、読み手、話し手、書き手に配慮しながら、主体的、自律的に外国語を用いてコミュニケーションを図ろうとする態度を養う」とあります。その意味においては、自己調整を行っていく上で、よりよいコミュニケーションの課題達成に向けて「粘り強く」取り組み続けるといった自己実現志向や「**コミュニケーション意欲**」（willingness to communicate：WTC）を同時に育てることが重要です。こうした「やり抜く力」は第二言語グリット（L2 grit）として注目をされています。

3.8　CEFRに準拠した評価とは？

　CEFRにもとづいた評価とはどのようなものとなるでしょうか。1つはそれぞれのレベルの能力記述文に示された課題遂行能力を評価するアプローチです。ケンブリッジ英検など各レベルに対応した検定試験もその1つで、それぞれの級で求められるタスクが異なります。日本の教育文脈に適用し、レベルを細分化したCEFR-J（投野、2013；投野・根岸、2020）でもそれぞれのレベルのタスク開発が試みられています。

　そのようなCEFR準拠の課題（タスク）達成評価の例としては、国際交流基金（JF）が開発した「JF日本語教育スタンダード準拠ロールプレイテスト」が参考となります。[1] 以下に示すように、タスク達成の手がかりとして条件が複数設定され、ロールプレイにおいて試験官がそうした発話を引き出すように問いかけを行います。タスク達成の判定においては、それらの条件をどれだけ満たせたかが基準となります。

第3章　学習指導要領と CEFR　　41

> 身近な日々の事柄について、直接的で簡単な情報交換を必要とする通常の課題ならコミュニケーションできる。〈A2レベルでできる「口頭でのやりとり全般」CEFR Can-do より〉

ロールカード	JF Can-do	タスク達成の手がかりとして引き出す内容（□が二つできた場合は、◆もできるか見る⇒◆もできたら◎、できなかったら○）	想定会話（T：テスター、S：学習者）
あなたは今、自分の国にいます。日本人の友だちに、土曜日にピクニックに行こうと誘われました。ピクニックに行く場所、待ち合わせをする時間と場所を決めてください。	友人と週末サイクリングに行くために、行き先や待ち合わせ時間などについて、短い簡単な言葉で話し合うことができる。〈インフォーマルな場面でやりとりをする〉	□どこに行くか □どこで何時に待ち合わせをするか ◆待ち合わせに提案した場所を「良く知らない」などと言われて、自分から情報や見解が付け加えられるか	T：今度の土曜日、時間があったら、一緒にピクニックに行きませんか。 S：いいですね。 T：どこか、いいところがありますか。 S：市民の森に行きましょう。 T：いいですね。じゃあ、何時にどこで会いましょうか。 S：11時に▲▲駅の前で会いませんか。 T：▲▲駅は、あまりよく知らないんですが。 S：▲▲駅の前に花屋があります。その前で待っていてください。

表 3-2　A2 レベルロールプレイテストとタスク達成の手がかり例
（「JF 日本語教育スタンダード準拠ロールプレイテスト」抜粋改編）

日常生活に必要な基本的なやりとりができる		日常生活に必要な基本的なやりとりができない	
◎	○	△	×
相手の簡単な働きかけに、苦労なく、簡単な言葉で応じ、必要な情報を伝えてタスクが達成できる。簡単な感想・見解もつけ加えることができる。	相手の簡単な働きかけに、簡単な言葉や身振りで応じ、必要な情報を伝えてタスクが達成できる。ただし、自分から話を進めることはできない。	相手の簡単な働きかけに言葉や身振りで応じるが、必要な情報を伝えられず、タスクが達成できない。	相手の簡単な働きかけに言葉でも身振りでも応じられない。必要な情報を伝えられず、タスクが達成できない。

表 3-3　A2 レベルロールプレイテスト判定基準例（一部改編）

もう1つのアプローチは「ルーブリック」をもちいた評価です。CEFRでは「話すこと」と「書くこと」に関して観点別のルーブリックが示されており、[2] 範疇（range）、正確さ（accuracy）、一貫性（coherence）、流暢さ（fluency）などの、主に言語能力面に関して、それぞれのレベルでの能力記述文がまとめられています。「話すこと」ではやり取り（interaction）、「書くこと」では描写（description）や論述（argument）の特徴についての評価も含まれます。CEFR/CVでは「話すこと」に発音（pronunciation）の観点として音韻（phonology）も追加されました。

・話すこと：Range / Accuracy / Fluency / Interaction / Coherence / Phonology
・書くこと：Range / Coherence / Accuracy / Description / Argument

　CEFRにはコミュニケーション言語活動の能力記述文だけでなく、言語活動での課題遂行を支えるコミュニケーション言語能力面の記述文も用意されており、言語構造的能力だけでなく、社会言語的能力や語用論的能力の記述文も含まれています。各レベルのタスク達成の評価にあたっては、内容面での達成度の評価に加えて、こうした言語面での評価も加えることでバランスが取れます。

　こうした評価を行っていくにあたっては、「**学習指向評価**」（learning oriented assessment）の視点が重要であり（Jones & Saville, 2016）、評定をつけるための総括的評価の側面だけでなく、学習をうながす形成的評価の側面が欠かせません。学習指向評価では、「**ダイナミック・テスティング**」とよばれる、様々な支援をもとに足場をかけながら達成をしていくような遂行のプロセスや変容の過程の評価も重視されており、評価は指導者のためのものでもありますが、何より学習者のためのものであるという視点を忘れないようにしたいものです。

　また、足場をかけるだけでなく、足場をはずすことで、学習者が、自分がいまできることと、達成に求められることのギャップに気づき、達成の途上で必要な足場を考えることも大切です。学習者自身が「**評価リテラシー**」を高めて自律的な評価者となり、自分の学習をデザインできるようになるためには、教室を仲間と協働して課題を達成する場としてとらえて、今後自らが主体的に課題達成を目指すための工夫をしていく上でのストラテジーを獲得できるような場とすることが大切であると思われます。

注
1. https://www.jfstandard.jpf.go.jp/roleplay/ja/render.do
2. Relating Language Examinations to the Common European Framework of Reference for Languages: Learning, Teaching, Assessment（CEFR）. A Manual. https://rm.coe.int/CoERMPublicCommonSearchServices/DisplayDCTMContent?documentId=0900001680667a2d

確認してみよう👆

1. CEFRの行動中心アプローチにもとづいた評価を行う上で、総括的評価と形成的評価の役割や具体的な方法について考えてみよう。
2. CEFRの考え方を参照して、いかに教師と学習者がCAN-DOリストをもちいたらよいか具体的に考えてみよう。

おすすめの1冊 📖

Little, D. & Figueras, N. (2022). *Reflecting on the common European framework of reference for languages and its companion volume.* Multilingual Matters.

◆ CEFRだけでなく、2018年に新しく出た補遺版であるCompanion Volumeについて解説した本です。仲介（mediation）技能の理解の参考にもなります。

▶参考文献

Byram, M. (2021). *Teaching and assessing intercultural communicative competence* (Revisited). Multilingual Matters.

Council of Europe (2001). *Common European framework of reference for languages: Learning, teaching and assessment.* Cambridge University Press.

Council of Europe (2018). *Common European framework of reference for languages: Learning, teaching and assessment. Companion Volume.* Council of Europe.

Council of Europe (2020). *Common European framework of reference for languages: Learning, teaching and assessment. Companion Volume.* Council of Europe. (https://rm.coe.int/common-european-framework-of-reference-for-languages-learning-teaching/16809ea0d4)

Heyworth, F. (2004). Why the CEF is important. In K. Morrow (Ed.), *Insights from the Common European Framework* (pp. 12-21). Oxford University Press.

Jones, N., & Saville, N. (2016). *Learning oriented assessment: A systematic approach.* (Studies in Language Testing 45). Cambridge University Press.

国立教育政策研究所（2020）.『「指導と評価の一体化」のための学習評価に関する参考資料（中学校 外国語）』https://www.nier.go.jp/kaihatsu/shidousiryou.html

国立教育政策研究所（2021）.『「指導と評価の一体化」のための学習評価に関する参考資料（高等学校 外国語）』https://www.nier.go.jp/kaihatsu/shidousiryou.html

Lenz, P. (2004). The European language portfolio. In K. Morrow (Ed.), *Insights from the Common European Framework* (pp. 22-31). Oxford University Press.

North, B. (2014). *The CEFR in practice* (English Profile Series 4). Cambridge University Press.

North, B., Ortega, A., & Sheehan, S. (2011). *Core inventory for general English.* British Council/EAQUALS.

North, B., Ortega, A., & Sheehan, S. (2015). *Core inventory for general English* (2nd Edition). British Council/EAQUALS. (https://www.teachingenglish.org.uk/publications/case-studies-insights-and-research/british-council-eaquals-core-inventory-general)

Piccardo, E., & North, B. (2019). *The action-oriented approach: A dynamic vision of language education.* Multilingual Matters.

迫田久美子（2008）．プロフィシェンシーを支える学習者の誤用―誤用の背景から教え方へ　鎌田　修・

嶋田和子・迫田久美子編著『プロフィシェンシーを育てる―真の日本語能力を目指して』（pp. 156-183）凡人社

投野由紀夫（編著）（2013）.『CAN-DO リスト作成・活用　英語到達度指標 CEFR-J ガイドブック』大修館書店

投野由紀夫・根岸雅史（編著）（2020）.『教材・テスト作成のための CEFR-J リソースブック』大修館書店

van Ek, J. A., & Trim, J. L. M.（2001a）. *Waystage*. Cambridge University Press.

van Ek, J. A., & Trim, J. L. M.（2001b）. *Threshold 1990*. Cambridge University Press.

van Ek, J. A., & Trim, J. L. M.（2001c）. *Vantage*. Cambridge University Press.

山田誠志（2018）.『自分の本当の気持ちを「考えながら話す」小学校英語授業：使いながら身に付ける英語教育の実現』日本標準

▶資料　CEFR における個別言語の参照レベル記述（RLD）

　CEFR（2001）は様々な言語でもちいることができる共通参照枠として、汎言語的な言語機能や概念に注目して言語能力を記述しており、その大本となったリストは 3.4 で紹介した Threshold シリーズにまとめられています。

　ただし、それぞれの個別言語の語彙や文法などのレベルについての詳細な資料については設けられておらず、そうした各言語における「参照レベル記述（Reference Level Descriptor：RLD）」の開発のニーズが高まりました。そこで英語に関しては、以下のようなリソースが開発されており、教材作成などにおいて参照することができます。

English Profile: The CEFR for English（https://www.englishprofile.org/）
ケンブリッジ英検の学習者コーパスにもとづいて English Vocabulary Profile や English Grammar Profile などが開発されており、語彙の定義ごとのレベルと実際の学習者のアウトプット例を参照することができます。テキストの語彙レベル分析（Text Inspector）を行うことも可能です。

Core Inventory for General English
North, Ortega, & Sheehan（2011, 2015）
教科書・教材分析や教師の知見にもとづいており、文法、語彙、機能、談話標識、トピックなどをレベル別に整理しています。各レベルで「シナリオ」とよばれる授業・教材設計の枠組みの具体例が示されているのが特徴です。A1「休日に（On Holiday）」、A2「一緒に出かける（Out Together）」、B1「オンラインフォーラム（Online Forum）」などの活動のシナリオが紹介されています。

CEFR-J（http://www.cefr-j.org/）
投野（2013）、投野・根岸（2020）
教科書コーパスと日本人学習者コーパスにもとづいて開発されており、English Profile と同様の語彙（Text Profile）と文法（Grammar Profile）のインベントリーを参照することができます。テキスト分析ツールなど様々なツールも開発されています。

コラムE　やり取りの評価について

　第3章で紹介したCEFR/CV（2018/2020）では、技能を4つのコミュニケーションモードでとらえる点が強調され、参照枠（self-assessment grid）の構成が変わりました。「話すこと」で「発表」と「やり取り」があったように、「書くこと」にも「発表」（written production）に加えて、オンラインを含めた書く活動での「やり取り」（online & written interaction）が追加されています（それぞれ発表とやり取りのモードでまとめられています）。

　やり取りの評価に関しては、第3章で紹介したCEFRの評価ルーブリックの観点のうち、Interactionの項目が参考になります。以下はその翻訳となりますが、下線部のような確認（confirmation）や誘出（elicitation）といった機能や方略に関する記述が存在しており、レベルがあがるにつれて、相互のやり取りが深まっていく様子がうかがえます。

B2	いつも手際よくできるとは限らないかもしれないが、談話をスタートし、適切な時に発言をして、必要な時に会話を終わらせることができる。慣れ親しんだ分野であれば、理解を確認したり、他の人の発言もうながしたりしながら、議論の進行に寄与することができる。
B1⁺	会話や議論を続けるための方略の基本的なレパートリーを活用することができる。議論において相手の見解に簡単なコメントをすることができる。詳細な情報を確認するため口を挟むことができる。
B1	身近な話題や個人的な関心がある話題に関する簡単な対面での会話を始めたり、続けたり、終わらせることができる。相互の理解を確認するために、誰かがいったことを繰り返していうことができる。
A2⁺	個人的に関心のある話題や娯楽、過去の参加した活動について、質問をしたり、質問に答えたりして、簡単で限定的な対面での会話を始めたり、続けたり、終わらせることができる。何らかの助けがあれば、決まった状況においては比較的容易にやり取りをすることができるが、自由な議論に参加するにはかなり制限がある。

A2	質問をしたり、質問に答えたり、簡単な発言に返答したりすることができる。自分が相手の話についていっていることを相手に分かってもらうことができるが、自分から会話を続けることができるほど十分に理解していることはまれである。
A1	個人的な事柄について質問をしたり、質問に答えたりすることができる。簡単な方法でやりとりができるが、コミュニケーションは全体的に繰り返し、言い換え、言い直しに頼っている。

（下線部筆者）

　なお、CEFR/CV では、オンラインのやり取りに関しては、対面のやり取りとは異なる、(a) メッセージの余剰性の必要性、(b) メッセージの正確な伝達確認の必要性、(c) 理解を助け、誤解に対処するための言い換え（reformulate）能力、(d) 情緒的（emotional）反応を扱う能力が必要とされる、としています。

（長沼君主）

やり方編

第4章　学習指導要領と評価のあり方

本章でお話しすること

　この章では、第1章から第3章までの内容を踏まえ、学習指導要領と評価のあり方について、「**では教師は何をしたらよいのか**」（What should we do then?）という問いに対する答えを探ります。評価の基本は、指導の成果を評価することです。そこでここでは、どのような指導をすればどのような成果に結びつくのかを整理し、「**毎日の授業で意識すべき指導の覚え書き**」（daily reminders）を作成することを通して、評価のあり方を考えます。本章をたたき台として、先生方がご自身の覚え書きを作成する一助となれば幸いです。

4.1　生徒の「やる気」を起こさせるには？

- ☐　生徒のニーズに沿った目標を設定する。
- ☐　教師が生徒と英語でやり取りすることを楽しむ。
- ☐　学年団で団結する。

　「やる気」は、さあやろうという気持ちを漠然と意味する言葉です（第6章、コラム J「やる気と行動の誘発」p. 111 参照）。やる気はテストで測れません。しかし英語力に結びつくことは想像できます。やる気がない場合、英語が苦手で失敗ばかりの状況が長引いた結果「**学習性無気力感**」（learned helplessness）に陥っているかもしれません。[1] その際は次項 4.2 の「基礎力」面からの指導がより一層必要です。

(1) 目標設定（goal setting）

　生徒のニーズに沿った目標を設定することで、やる気を高めることが期待できます。また、年度や学期のはじめ、定期テストのあとなどに、簡易なアンケートを実施し、授業内容と生徒のニーズとの整合性を確認することも必要です。一方、目標があっても、それに向かって努力する「**意志力**」（willpower）がないと成果にはつながりません。意志力について論じた McGonigal（2012）は、人間の悪いクセとして、将来の目標の重要性を本来よりも軽視して（割引いて）とらえる（delay discounting）ことがよくあるので、将来のために今の楽しみを我慢する（delayed gratification）努力も大切だと述べています。目標設定と意志力の重要性を生徒と共有することが、生徒のやる気につながると考えます。

(2) 教師の熱意（teacher enthusiasm）

教師の熱意が生徒に反映することは、活動に夢中になる現象である"Flow"の研究で有名なCsikszentmihalyi（1990）をはじめ多くの研究者が示唆しています。教師が生徒と英語でやり取りすることを楽しめば、生徒にとっても英語そのものが楽しいと感じる**「内発的動機づけ」**（intrinsic motivation）につながり、もしかしたら、人間が他人の行動を見て、自分も同じような行動や思考を持つよううながす「ミラーニューロン」（mirror neurons）の効果も期待できるかもしれません。[2] 筆者も、自分が何か新しい知識や指導法、英語表現、心理学的知見などを学ぶと、それを実践したり生徒と共有したりしたくなります。何かにワクワクしてその気持ちを生徒と共有することが教師の熱意と生徒のやる気につながると考えます。

(3) 同僚性（collegiality）

リーダー的立場の先生方への研修でよく話題になるのが、**同僚性**の問題です。指導や評価を工夫しようとしても、他の先生の賛同を得られない、というのです。しかし、教育が成功している学校では、各学年（理想的には学校全体）の教師が、シラバスや定期テストの構成や内容について年度がはじまる前に議論し、個々の教師の個性は尊重しながらもある程度の統一性をもって授業をしています。ある高校で進路実績がずば抜けてよかった学年があったとき、その理由を直接進路担当の先生にお聞きすると、学年団の教員が団結して「みんなはやればできる！」と機会あるごとに3年間いい続けたということです。生徒にとっては、先生全員に後押しされ期待されている、と感じたに違いありません。いわゆるピグマリオン効果（Pygmalion effect）です。[3]

やる気は直接テストで測れませんが、それでも教師は生徒のやる気を引き出そうと日々努力します。評価のあり方として、指導の成果を評価することと同様、評価が難しい資質・能力ほど生徒にとって将来大切なものだということがあると考えます。ここであげた3つの手立ては、生徒の主体的な学習態度や、定期テスト・パフォーマンステスト等における知識・技能、思考・判断・表現の観点の評価に大きな影響を与えると期待できます。

4.2 英語の「基礎力」を身につけさせるには？

> ☐ 英語が「読める」ように音読練習をする。
> ☐ 英語が「分かる」ように使用場面、SV、チャンクを意識させる。
> ☐ 英語が「覚えられる」ように自宅でもできる学習法を教える。

高校の先生で、「うちの生徒は中学校レベルの英語が身についていない」と悩んでいる

方も多いと思います。この中学校レベルの英語力を、中学校段階で学ぶ英語の**「知識・技能」**と定義するとして、高校でそれをどう補強したらよいでしょうか。ここでは、英語が嫌いになる3つの要素と筆者が考える、「(英語が) 読めない」「(文法が) 分からない」「(英語が) 覚えられない」について対策を考えます。

(1)「音読ができる」ようにする

　私たち教師は経験的に、ある程度の滑らかさで音読ができれば、順調に英語学習者としての第一歩を踏み出していると知っています。音読指導では、まず、音読の効用を説明して生徒を納得させ、何がよい音読かを具体的に指導します。門田（2020）は、**音読学習**における留意点をいくつかあげていますが、その中で、モデルの音声を聞きながら、正確にリピートすることの重要性を指摘し、その際、2秒程度の長さのチャンクに区切って聞かせリピートさせることで、音を正確に聞いてまねることが可能になると述べています。

　音読指導が功を奏するには、生徒が英語の音声の特徴を知った上で練習する必要があるので、音読指導と並行して、**個々の発音**（school の l は「ウ」に聞こえる）、**音変化**（It looks good on you. の下線部は「グドンニュー」と聞こえる）にはじまり、定型表現などの**語のかたまり（チャンク）**、キーワードの**強調**（「強く、長く、高めの音程で」読む）なども指導する必要があります。高校では教科書の1パートの英文が長いので、重要な部分を教師の目利きで選び、質の高い集中した音読練習をする工夫も大切でしょう。**スラッシュリーディング**なども効果的ですが、「音読テストの時にはスラッシュは入っていないよ」などといいながら、早く自分で意味の区切りを意識しながらスラッシュリーディングができるようになる努力をうながします。

(2) 英語が「分かる」ようにする

　小学校外国語では、過去形を扱っていても、過去形の解説をするのではなくあくまで**チャンク**として、"I went to ..." "I saw ..." "I ate ..." などの表現を、「夏休みの思い出を話す」などの**場面**で使わせます。中・高等学校でも、表現や文法は、「どんな時に使えるか」といった場面とセットで教えることで、生徒の理解を助けることができます。たとえば、A: Have you done your homework yet?　B: Yes, I have.　A: Really?　When did you do it?　B: This morning! という場面で、現在完了形は、「宿題をやってあるかどうか」という今の状況に、過去形は「いつやったか」という過去の一点に焦点があることを示せます。このように、例文を、簡潔な説明を交えて導入し、ペアワークで使わせることで、生徒の理解をうながすことが期待できます。

　高校では長い英文を読むことが多くなり、生徒にとっては分からないことが倍増します。1文でなく段落レベルの英文を読んで「分かる」とは、①主語（S）・動詞（V）を見つけ、②意味のかたまりであるチャンクを見つけ、③チャンク同士をうまくつないで、④

一般常識（schema）を働かせて英文の**主題**（topic）や**主張**（main idea）などをとらえることといえます。文構造をとらえる努力ができずに、あるいは途中であきらめて、「テキトウにキーワードをつないで意味を創作する」習慣をつけてしまわぬよう、文構造を意識した上で意味を理解するように指導します。それと並行して、意味を確認した上での音読練習を通し、自然に語彙や文法を学ぶ機会も与えます。

(3) 英語が「覚えられる」ようにする

　印象深く記憶に残る授業をめざすのはもちろんですが、授業時間だけで生徒に英語力を十分身につけさせるのは困難です。まず、音読の仕方を授業で教え、それを自宅で練習させ、授業で確認するといった、「**授業―家庭学習―授業**」のサイクルを構築することからはじめてはどうでしょうか。音読は語彙・表現・文法を文脈の中で習得できますし、英文の筆者や登場人物になりきって身振り手振りも交えて音読すれば、徐々に英語を「覚えられた」という実感を持てるようになることが期待できます。次のステップとして、予習、復習ノートの習慣づけや、その積極的評価があります。授業で記憶法について紹介することも可能です。記憶法に関する書籍や情報は膨大にありますが、常識的なものであれば副作用はないといえます。たとえば、多湖（2014）には114もの「**記憶術**」（mnemonics）が示されていますが、「感動のともなった記憶は、忘れにくい」「まる暗記より『理解』することが、記憶の近道である」「憶えたことを人に教えると、記憶はいっそう強化される」「『憶えた』と思ったことも、安心せずにもう3回繰り返す」などは、授業で繰り返し説明したり実際に試したりすることで、生徒が試そうという気持ちになるでしょう。語彙習得研究の権威であるNation（2008）は、"Deliberate learning is much more effective than deliberate teaching"（p.6）と述べています。暗記や練習は、授業外で生徒が意識的に行うのが効果的です。

　生徒の「知識・技能」の側面を鍛えるこれら3つの手立ては、音読テスト、単文レベルの語彙・文法テスト、単文レベルの聞く・読む・書く力を測るペーパーテスト、単純なやり取りや発表の力を測るパフォーマンステストでの評価結果の向上につながると期待できます。

4.3　英語の「即興力」を高めるには？

☐　ディクテーションで音変化とスピードに慣れさせる。
☐　即興で考え顔を上げて話す言語活動をする。
☐　教室内外で英語を使う習慣をつけさせる。

「即興で伝え合う」や「即興で話す」とは、必要なときにその場で考え込むことなく話すことを意味します。「原稿を読みながら話す」ことや「あらかじめ暗記した内容を話す」ことと対極にあります。また即興力とは、表面的に流暢に（fluently）話すだけでなく、言語処理の面でもあまり苦労せず自発的に（spontaneously）話すことができる能力を意味します。「即興で伝え合う」ためには、聞く方も瞬時の理解が要求されます。即興力には、「思考の流暢さ」（cognitive fluency）と「発話の流暢さ」（utterance fluency）が必要なので、「知識・技能」だけでなく「思考・判断・表現」の観点に関わる能力とも深く関係しています。[4]

(1) ディクテーションと速読み音読

即興力を身につけるには、様々なトピックについて即興で話す（impromptu speech）練習と、即興で話すことにともなう難しさを個別に解消する練習の両方が必要です。発話のプロセスについてLevelt（1989）は、①話すことを**考える**（conceptualization）、②考えを**言語化する**（formulation）、③言語を音声化して**発話する**（articulation）、④自分の発話を**チェックする**（monitoring）の4つを示しています。母語ではこの4つが瞬時に行われますが、外国語である英語の場合、①〜④はひとつ1つに困難がともないます。

ディクテーションは、音声を聞いて文法的に正しく意味の通る英文を再構築する活動ですから、**文法と意味の両方を考えながら**（上記④ monitoring）、**音声と語彙を正しく結びつけ**（③ articulation）、**語彙の意味を文脈から正しくつかみ**（② formulation）、メッセージの**意図や目的を理解する**（① conceptualization）といった、前述した発話のプロセスを、逆向きに訓練することになります。正解を確認したあと、今度は自分がその英文を話しているつもりになって速いスピードで音読すれば、①〜④を同時に行う練習になります。母語話者の（母語話者に近い）発音とスピードでディクテーションを行えば、カタカナ発音で覚えていた語彙やチャンクを正しい音声で学びなおすことにもつながります。教科書本文をはじめ人気アーティストの歌詞の穴埋めなど、ディクテーションのバリエーションはいろいろです。

(2) 即興で考え顔を上げて話す活動

下を向いて話すのではなく、考えたことを「自分の言葉」として相手を見て話す活動です。ペアワークでのやり取り活動では the 4/3/2 technique（Nation, 1989）がおすすめです。手順は、①与えられたトピックについてメモをとらずに話すことを考え、②最初のペアの相手に4分間で話し、③ペアを変えて同じ内容を3分間で話し、④またペアを変えて同じ内容を2分間で話す、というものです。筆者の場合は4/3/2では活動時間がかかるので、3/2/1や2/1/0.5のように時間を短くして行っています。また、より短時間で話すには、「速く話す」「内容を整理して話す」の2つの方略が使えると助言もしていま

す。もう1つのおすすめは、Think in Threes（3つの単位で考える）と筆者がよんでいる活動です。手順は、①与えられたトピックについて意見・理由・実例（追加説明）を考え、②ペアの相手と意見交換し、③そのあとで、お互いに話を発展させる、というものです。単に What are three things you like? や What are three famous places you have visited in Japan? などと、話題について3つのことを話すという単純な活動にすることもできます。

　生徒が顔を上げて話す習慣を身につけるために、教師ができることは2つあります。1つは、教科書の内容に関する Q&A の際、教科書を見ながらでなく、顔を上げて答えさせる方法、もう1つは、有名な Read and Look Up を取り入れる方法です。一瞬でも顔をあげることにより、自分の頭の中で英文を構築して発話するという、(1) で紹介した Levelt の発話プロセスの訓練になります。

(3) 教室内外で英語を使わせる

　即興力とは、同じような状況で英語を使った経験の集大成なので、**場数**がものを言います。教室内での Small Talk などの活動の他に、個人でできるおすすめの活動が3つあります。①ひとり言、②英文日記、③授業内容の口頭要約です。①は普段の自分の行動や感じたことを英語でブツブツ話す活動、②は1文〜数文で英文日記を書く活動、③は授業で学んだことを Today I learned about .... / I learned that .... / I think ....　などと学んだ内容を人に教える感覚で話す活動です。

　生徒の即興力を高める可能性のあるこれら3つの手立ては、特に「話すこと」や「書くこと」における「知識・技能」（流暢さ・正確さ・文の複雑さ）や、「思考・判断・表現」（課題達成力や論理的思考力）における評価結果の向上を期待できます。

4.4　生徒の英語で「考える」力を育むには？

> ☐　思考をうながす異なるタイプの質問をする。
> ☐　Summarizing, retelling, paraphrasing をさせる。
> ☐　目的や場面、状況などに応じた sentence stems を指導する。

　この問いは、「**思考・判断・表現**」の評価をどうするのか、という問いと表裏一体です。外国語科におけるこの観点の能力は、コミュニケーションの「目的や場面、状況など」を理解した上で、英語で表現したり伝え合ったりして課題を達成する力を意味しています。曖昧な言語を行動可能な「**アクション言語**」にすることを提唱する黒川（2014）は、「しっかり考えろ」を行動可能なアクション言語に変換すると、「過去の経験を思い出したり、目の前にあるデータを見たりしながら、まずは書けるだけ選択肢を書いて、そこから選ん

で！」となるとしています。自分の経験と、新たな知見を統合して課題解決をするという、思考、判断、表現の中身をイメージするのに役立つ説明です。

(1) 異なるタイプの質問

　質問には、答えが1つに決まる closed-ended questions と、答えが1つとは限らない open-ended questions があります。学校教育の中では、教師が答えを知っていて生徒に正しい答えの提示を求める display questions と、教師が答えを知らない状態で生徒に考えや意見を求める referential questions という言い方をします。教育場面で児童・生徒の思考をうながすために教師がする質問を、発問とよびます。Day (2005) は、文章理解をうながす質問を6つに分けました。これを3つに簡略化すると、次の①〜③になります。

　① Literal Questions：本文の文字通りの意味についての質問
　　　When was Rosa Parks born?
　② Inferential Questions：本文に直接書かれていないが答えが類推可能な質問
　　　What is the writer's main message?
　③ Evaluative/Personal Response Questions：読み手の評価や反応を聞く質問
　　　Do you like this story? / When did you make the most effort in your life?

　①は重要な情報について英文の文構造とともに理解する力、②は英文の内容理解にもとづき論理的に類推して自分の言葉で表現する力、③は自分の経験と読んだ内容にもとづき英語で表現する力、の訓練につながります。生徒の応答に対して、教師が Tell me more about ... / Why do you think so? / Do you agree with Takeshi? / Who has a different opinion? など追加の質問をして会話を発展させれば**楽しい緊張感**（pleasurable tension）を持ちながら考えを深めさせることができますし、ペアワークでお互いに追加の質問をさせてもよいでしょう。英文が書かれた目的や場面、状況を考えさせる質問が理想です。

(2) Summarizing, retelling, paraphrasing

　「要約」「再話」「言い換え」は、学んだ内容を生徒が「自分の言葉で表現する」（putting things in their own words）ことを求めます。特にペアワークの相手はクラスメートなので、簡単な英語で表現する思考訓練になります。Kissner (2006) は、この3つの活動の違いを次のように説明しています。

　① Summarizing： main ideas が含まれ、原文の論理の流れと重要な情報が入るように、原文より短く書いたり話したりすること。
　② Retelling： 原文の内容を他の人に自分の言葉で伝えること。

③ Paraphrasing： 考えを別の表現で言い換えること。

　言い換えは、要約や再話の一部として使えますし、本文の部分的な説明を生徒に求める際にも活用できます。テキスト中の重要な英文の言い換えを生徒自身にさせることは、大学入試の読解問題で正しい選択肢を選ぶ問題への対応としても役立つでしょう。教師自身が絵や写真をもちいながら、Oral Introduction/Oral Interaction をしたりする中でこれらを駆使すれば、生徒にもよいモデルとなり、生徒自身が行う際の「**足場かけ**」（scaffolding）となるでしょう。

(3) 目的や場面、状況に応じた sentence stems
　Sentence stems とは、考えや情報について話したり書いたりするときに使える文のはじめの部分で、sentence starters や sentence frames ともよばれます。All I want to say is ... や I believe that ... などがその例です。英語で話す際、こうした言い出し方の枠組みがさっといえれば、"..." に入る「伝えたい内容本体」に意識を傾けられるので、考えながら英語で話したり書いたりすることの負担を軽減することが可能です。そこで、生徒が表現活動をする場面（特に **CAN-DO 目標**として設定されたタスクを行う場面）に即した sentence stems を指導し、授業でもパフォーマンステストでも使えるようにします。教科書から将来使えそうな sentence stems を探す活動などもよいでしょう。

① 日常的な話題についてペアで話し合う場面
　　・I like ... because I ...　　・Oh, you like ...
　　・Did you say ...?　　・Oh, that's ...
② 教科書の指定されたパートの内容を要約してコメントする場面
　　・In this part, we learned about ...　　・We learned that ...
　　・We also learned that ...　　・I think we should think more about ...
③ ある主張について賛成・反対の意見を理由や具体例などと書く場面
　　・I agree [don't agree] with ...　　・First, ...　Second, ...　Third, ...
　　・For example, ...　　・Therefore, I think [don't think] ...
④ 自分に起きた出来事を人に話したり日記に書いたりする場面
　　・The other day, I went to ...　　・Then, I ...
　　・Then, suddenly, I realized I ...　　・So, I ended up ...ing

　生徒に英語で「考える」力を身につけさせる可能性のあるこれら 3 つの手立ては、「聞くこと」「読むこと」における概要・要点・意図を問う問題や、目的や場面、状況に応じて、情報や考えを話したり書いたりするパフォーマンステストでの成績の向上につながる

ことが期待できます。

4.5 生徒の「主体的に学習に取り組む態度」を育むには？

> □ 間違いを気にせず創造性を発揮できるクラスの雰囲気をつくる。
> □ 相手に配慮したコミュニケーションの方法を教える。
> □ 振り返りの仕方と学習法を教える。

「主体的学び」は、第2章で詳説しているように、多様な資質・能力と関連する一筋縄ではいかない概念ですが、深堀りすればするほど、これが21世紀を生きる上で重要な力であることが分かります。ここでは、国の学習評価に関する参考資料（国立教育政策研究所、2021）にもとづき、「主体的に学習に取り組む態度」を育む手立てを考えます。

(1) 間違いを気にせず創造性を発揮できるクラスの雰囲気

参考資料では、教科を通じた共通の枠組みとして、「主体的に学習に取り組む態度」は**粘り強さ**と**自己調整**の両面から評価するとあります（第3章参照）。また、外国語科においては、「外国語の背景にある**文化**に対する理解を深め、聞き手、読み手、話し手、書き手に**配慮**しながら**主体的、自律的**に外国語を用いてコミュニケーションを図ろうとしている状況を評価する」（参考資料 p. 36 太字筆者）とあります。ここからが現場で議論になっているところかと思いますが、参考資料による事例では、小・中・高等学校を通し、「主体的に学習に取り組む態度」の評価規準の表記が「思考・判断・表現」の観点の評価規準（〜している）の語尾を、「〜しようとしている」に置き換えた形になっています。これは、粘り強さや自己調整といった、複雑で一筋縄ではいかない資質・能力については、その表出である学習者の言語活動で評価する、という判断です。また、「思考・判断・表現」の評価がbであった場合には、基本的に「主体的に学習に取り組む態度」の評価も同じbになるというのも、直感的には疑問が残りますが、前者（思判表の評価）ではパフォーマンスという**プロダクト**を、後者（態度の評価）では目には見えないがそこに至る日々の努力や自己調整といった**プロセス**を、それぞれbと評価している、という考え方ができます。高等学校参考資料の事例5（pp. 84-90）では、この観点に関する評価事例とその背景がくわしく説明されています。

「主体的に学習に取り組む態度」の指導と評価は、生徒が生き生きと言語活動ができるように、単元や学期といった期間の学習の成果について、大雑把でも生徒と合意がとれる方法で行えばよいと筆者は考えています。「主体的に学習に取り組む態度」を育むための最優先課題は、生徒が自分の考えや意見を自由に話せる**環境づくり**だと考えます。筆者自身は、毎年授業で（大学生に対しても）、Be nice. / Help each other. / Speak English. の

3つの**標語**（mottos）を紹介しています。Be nice.（お互いに親切にする）や Help each other.（助け合う）は、「主体的に学習に取り組む態度」を構成する重要な要素であり、ルーブリック評価の評価項目ともなり得ると考えています。

(2) 相手に配慮したコミュニケーションの方法

筆者は、英語における**コミュニケーション方略**（自分の持っている英語力で工夫してなんとか意思疎通をする力など：第1章、コラムA「学習方略とは何か」p.16参照）は「思考・判断・表現」の観点、英語の**学習方略**の工夫は「主体的に学習に取り組む態度」の観点に関連する指導項目だと考えていますが、評価の分類よりも指導することの方が大切です。たとえば、相手への配慮に関する以下のような Conversation Strategies（Kehe & Kehe, 2013 など）を指導することで、生徒は相手に分かるように話すことの大切さを再認識できるでしょう。

▶相手に配慮した Communication Strategies を活用している事例
・やり取りを円滑にするための Conversation Strategies を使っている。
　（例）Uh-huh. / Really? / Sorry? / Oh, you mean ... / That's true. /
　　　That's great. / Good for you. / Wow, that's amazing!
・相手に分かるように、ゆっくり、キーワードを強調して話している。
・相手が理解しているかを確認しながら話している。

これを(1)で紹介した「思判表」と「態度」がリンクした方法で評価するなら、パフォーマンステストでのやり取りの際にこうした表現をもちいていれば、「思判表」でbやaと評価し、「態度」の方も同じ評価となります。こうした参考資料の準拠方式でなく、「思判表」と「態度」を独立させてa、b、cの評価をつけることも可能です。いずれにしても、特に「主体的に学習に取り組む態度」は、できるだけ生徒を元気づけるようなよい評価を与えたいですし、評価方法よりも、指導に時間と労力をかけるのがよいと考えます。

(3) 振り返りの仕方と学習法を教える

参考資料事例5には、言語活動以外で「主体的に学習に取り組む態度」を評価する例が示されています（p.89）。これは**振り返りシート**を活用したものですが、頻繁に行うのではなく、1年に1～2回、ある単元（または複数単元）を決めて、生徒の自己調整学習能力を評価するものです。教師が生徒の学びを分析して指導に活かしたり、努力をしている生徒にプラスの評価をしたりするための補助資料として使うことを想定しています。このシートには、「①目標（単元の学習の最後にできるようになること）」、「②目標のために何をすればよいか考えよう」、「③現在の状況を確認し、目標に向けて今後何をすればよい

か考えよう」、「④自分が達成できたことを確認して、次の目標を考えよう」、の4項目があり、振り返りの仕方が学べるようになっています。これに加え、英語の学習法（竹内、2003）などを紹介し、自分に合った方法を試し、その結果の振り返りを記述させれば、生徒にとっては学びのヒント、教師にとっては個に応じた指導のヒントが得られるでしょう。

　これら3つの手立ては、生徒が主体的に英語学習に取り組むと同時に、主体的に英語でコミュニケーションを図ろうとする態度を育むことに大きく貢献すると期待できます。

　以上、4.1から4.5まで5つの課題への15の手立てをお話ししました。これらの手立て（そして読者の方々独自の手立て）が、生徒の英語力を支える「知識・技能」「思考・判断・表現」「主体的に学習に取り組む態度」に関する資質・能力を育み、同時に4技能5領域の英語を使う力を高めていくと考えます。そして、もし迷ったら、まずは指導の工夫に時間を割くのがよいと考えます。

注
1. アメリカの心理学者セリグマン（Martin Seligman）が行った研究に端を発する概念で、人（や動物）が、「自分は何をやっても結果につながらない」と感じる状態が続いた結果として陥いる無気力状態を指します。
2. イタリアの神経生理学者リゾラッティ（Giacomo Rizzolatti）が霊長類の研究で発見したニューロンで、自分が行動するときも、他の仲間の行動を見ているときも、活性化する脳内細胞です。ヒトでも同様の現象が起こることが示唆されています。
3. アメリカの心理学者ローゼンタール（Robert Rosenthal）が命名した現象で、ギリシャ神話のピグマリオン（Pygmalion）に由来します。王であるピグマリオンは自らの作った女性の彫刻と恋に落ち、神に「その彫刻を人間にして欲しい」と祈るとそれが実現したという話です。ピグマリオン効果とは、教師の期待が学習者の成績向上に寄与する効果のことを指しています。
4. 第二言語習得における流暢さの研究者であるセガロウィッツ（Norman Segalowitz）は、聞き手が感じる話し手の流暢さは、話し手の発話プラニングから発話に至るまでの認知プロセスの流暢さ（cognitive fluency）の表れだとしています。

確認してみよう

1. 英語使用者として、自分自身が普段どのような場面で英語をもちい、どのような場面で「英語を知っていてよかった」と思うかを考えてみよう。
2. 小テストや言語活動のなかで、生徒が真剣に取り組んでいるものをあげてみよう。

おすすめの 1 冊

吉田新一郎．（2006）『テストだけでは測れない！ 人を伸ばす「評価」とは』NHK出版
◆英語教育を超えて、教育とは何か、評価とは何かについて理解を深めさせてくれる本です。

▶参考文献

Csikszentmihalyi, M. (1990). *Flow: The psychology of optimal experience*. Harper & Row.
Day, R. R., & Park, J. (2005). Developing reading comprehension questions. *Reading in a Foreign Language, 17* (1), 60-73.
門田修平（2020）．『音読で外国語が話せるようになる科学：科学的に正しい音読トレーニングの理論と実践』SB クリエイティブ
Kehe, D., & Kehe, P. D. (2013). *Conversation strategies*. Pro Lingua Associates.
Kissner, E. (2006). *Summarizing, paraphrasing, and retelling*. Heinemann.
黒川裕一（2014）．『人を動かす言葉の技術：自分の考えを 100% 伝えきる「アクション言語」を身につけろ！』 KADOKAWA/中経出版
国立教育政策研究所（2021）．『「指導と評価の一体化」のための学習評価に関する参考資料（高等学校 外国語）』https://www.nier.go.jp/kaihatsu/shidousiryou.html
Levelt, W. J. M. (1989). *Speaking: From intention to articulation*. The MIT Press.
McGonigal, K. (2012). *The willpower instinct*. Avery/Penguin Group.
Nation, I. S. P. (2008). *Teaching vocabulary: Strategies and techniques*. Heinle.
Nation, P. (1989). Improving speaking fluency. *System, 17* (3), 377-384.
Segalowitz, N. (2010). *Cognitive bases of second language fluency*. Routledge.
竹内 理（2003）．『より良い外国語学習法を求めて―外国語学習成功者の研究』 松柏社
多湖 輝（2014）．『ホイホイ記憶術（復刻版）』 ゴマブックス

コラムF　定期テストのあり方

　4技能5領域の育成が求められ、評価においても「話すこと」「書くこと」、とりわけ「話すこと」におけるパフォーマンステストを各学校で実施することが求められています。「話すこと」「書くこと」といった**発信技能**（productive skills）の評価では、評価規準（観点別評価の3つの観点など）やその規準にもとづいて段階づけ（基準）を明示した**ルーブリック**（rubrics）による評価も必要になります。

　では、「聞くこと」「読むこと」を中心とした**受容技能**（receptive skills）に関する評価は従来通りで大丈夫かというと、今後に向けて改善すべき課題もあります。たとえば、定期テストでは、従来、授業で扱った教科書の範囲から重要な語彙、文法、英文テキストを抽出して作問することが多く、結果的に、**機械的暗記**（rote memorization）を助長してしまう傾向がありました。機械的暗記自体は英語の習得には必要ですし、**テストに向けて集中的に勉強すること**（cramming for exams）は重要です。しかし、「聞くこと」や「読むこと」の指導で求められているのは、教科書で学んだ知識や技能を活用して、話し言葉と書き言葉を含む**初見の英文テキスト**（newly-encountered text）を聞いたり読んだりして、概要や要点、詳細、話し手や書き手の意図を理解する能力を育てるということです。3つの観点でいえば「思考・判断・表現」に属します。生徒の将来を考えると、「応用力」を育て、その成果を定期テストでもある程度評価することが必要だと考えます。こうしたことを踏まえ、よりよい定期テストを作成するためにできることとして、以下の点があります。

- 年間到達目標（CAN-DO目標）や各学期の目標にもとづき、定期テストで出題する「聞くこと」「読むこと」「書くこと」の設問内容を決める。
- 普段から教科書以外の初見の英文テキストを使って「聞くこと」「読むこと」の能力を鍛え、定期テスト以外でも評価の場面を設ける。
- 「書くこと」の採点では、細かな文法ミスに目を向ける減点法ではなく、評価の観点を絞って（論理構成や英文の理解しやすさなど）3段階（10点、7点、4点など）程度の段階にし、生徒にも評価規準と評価基準を事前に説明しておく。
- 既習の英文テキストと、初見の英文テキストの両方を使用し、その割合も含め、問題の形式や配点を事前に生徒に伝えておく。
- 定期テスト前には、試験対策の授業や質問時間を設け、クラスの生徒全員が

テストに向けて努力できるよう支援する。

　学期はじめの授業方針説明の際に、定期テストを含む評価の内容や形式について生徒と情報を共有し、それが生徒の将来に有益であることについて共通理解が得られれば、「主体的に学習に取り組む態度」の育成にもつながるのではないかと考えます。

（江原美明）

コラム G　ティーム・ティーチングのあり方

　日本人英語教師（JTL：Japanese Teacher of Language）と**外国語指導助手**（ALT：Assistant Language Teacher）とのティーム・ティーチングは、1987（昭和62）年に始まった「語学指導等を行う外国青年招致事業」（JETプログラム：The Japan Exchange and Teaching Programme）を契機として全国に広まりました。開始初年度は、アメリカ、イギリス、オーストラリア、ニュージーランドの4か国から848名が来日しましたが、2019（令和元）年度には、非英語圏からの参加者も含め、ALT、**国際交流員**（CIR：Coordinator for International Relations）、**スポーツ交流員**（SEA：Sports Exchange Advisor）、あわせて世界57か国から5,761名が招致されています。現在では、小学校で担任とALTとのティーム・ティーチングも行われるようになりました。

　日本人英語教師（小学校では学級担任も）とALTとの協働による授業では、お互いの強みを生かし、たとえば次の表のような役割分担をすることができます。さらに、両者がお互いに学び合うことで、それぞれが両者の強みを兼ね備えた教師になれば、役割分担はより柔軟に決められるでしょう。

日本人英語教師・学級担任の役割	外国語指導助手の役割
・ALTと相談しながら、単元目標の確認と本時の授業の流れを決める。 ・ALTと相談しながら、児童や生徒に適した難易度の言語活動を決める。 ・児童や生徒の理解度を確認しながら、必要に応じて個別の支援をする。 ・ALTとやり取りのモデルを示す。	・児童や生徒と日常的な話題について即興でやり取りをする。 ・児童や生徒の発話に対してrecast※やfeedbackをする。 ・英語の発音や表現のモデルを示す。 ・出身国の文化について紹介する。 ・JTLとやり取りのモデルを示す。

※誤りの訂正と受け取られないように学習者の発話を正しい表現でさりげなく繰り返すこと。

　一方、当初から課題となってきた、「ALTを単なる音声教材として活用している」ことや「打ち合わせの時間が十分にとれない」、「指導方針などについてお互いの意思疎通が難しい」などの問題も引き続きあるようです。

　授業成功の大きな要因の1つに、授業外での教師と生徒とのコミュニケーションがあるということが、私たち教師には経験的に分かっています。それと同じように、ティーム・ティーチングの成功のカギは、授業外での日本人英語教師や学級担任とALTとのコミュニケーションだといえるのではないでしょうか。一朝一夕には解決

しない問題ですが、授業外でのお互いのコミュニケーションがうまくいっていれば、いざというときも、「阿吽の呼吸」で、すばらしいティーム・ティーチングができるのではないかと考えます。

（江原美明）

第5章　学習指導要領にもとづいた授業づくり

本章でお話しすること

　この章では、第1章から第3章までの「考え方編」を受けて、現行の学習指導要領にもとづいた授業づくりを、筆者が大切だと考えている「**単元構想**」（ここでは、単元とはLessonやUnitごとのまとまりとします）について例を示しながら見ていきます。もちろん授業は、地域性や学びの速度の違いを含めた学校の特徴や、学習集団内の関係性などの様々な要素によって異なります。たとえ同じ教科書の同じ単元をもちいて、同じように教えても、同じように効果が上がるとは限らないのです。そこでこの章では、「外国語を使って何ができるようになるか」という目標を適切に設定して、その目標達成に向けて検定教科書を使って授業をデザインし、その評価までを一連の営みとして見る、そんな流れを中心にすえて、論を進めていくことにします。

5.1　これまでの課題

　今回の学習指導要領（外国語科）の改訂では、2016（平成28）年12月の中央教育審議会答申をもとに、これまでの成果と課題等を踏まえた改善が図られています。その中で、特に高等学校の授業についての課題は、

- 依然として外国語によるコミュニケーション能力の育成を意識した言語活動（特に「話すこと」及び「書くこと」）が適切に行われていない
- 「やり取り」や「即興性」を意識した言語活動が十分に行われていない
- 複数の領域を結び付けた統合的な言語活動が適切に行われていない

ということがあげられています（高等学校学習指導要領（平成30年告示）解説外国語編英語編　p.6）。これらの課題を踏まえて、高等学校外国語科の目標は、

① 各学校段階の学びを接続させる
②「外国語を使って何ができるようになるか」を明確にする

という観点から、改善・充実が図られました。

　もちろん、2009（平成21）年に行われた前回の学習指導要領改訂以降、全国で盛んに授業改善などの取り組みがなされてきました。ご縁あって筆者が参観等させていただく高等学校の授業においても授業改善に向けて様々な工夫が見られました。その一方で、先述のような課題も全国において「普遍的に」見られる傾向にあると感じています。また、前回の改訂以降、全国各地で外国語教員対象の教員研修が盛んになり、それらの研修で指導

者が学んだ手法などが実際の授業で試されるようになりました。このこと自体は問題ではありませんが、様々なものを盛り込むあまり、目標達成に向かって関連が低い（と見受けられる）学習活動までもあちこちに散りばめられ、1時間の授業がまるでパッチワークのようなデザインになっていることも多々見られると感じています。

さらに、「発信力の育成」というキーワードにより、生徒の英語による言語活動は見られるようになったのですが、そこには体系的かつ段階的な活動が見られなかったように感じています。たとえば、2009（平成21）年度版の学習指導要領（文部科学省、2009, p. 12 および p.16　太字筆者）においては、

【コミュニケーション英語Ⅰ】内容ウ：
　「聞いたり読んだりしたこと、学んだことや経験したことに基づき、情報や考えなどについて、**話し合ったり意見の交換をしたりする**」
【コミュニケーション英語Ⅱ】内容ウ：
　「聞いたり読んだりしたこと、学んだことや経験したことに基づき、情報や考えなどについて、**話し合うなどして結論をまとめる**」

と段階的に「できるようになること」が示されていましたが、実際には、感想を述べたり意見の交換をしたりする言語活動ばかりが学年が進んでも繰り返し行われており、そこから先に進み、結論をまとめるなどの段階へ移行していない例も多くありました。

5.2　外国語を使って何ができるようになるか

課題が分かってきたところで、ではこれらの課題についてどう取り組んでいくかについて考えていきましょう。先に述べたように、今回の改訂で高等学校外国語科の目標は、「外国語を使って何ができるようになるか」という観点からも改善が図られました。ところが、この「外国語を使って何ができるようになるか」について、高等学校の外国語（英語）の先生方は、それほどびっくりされなかったのではないかと考えます。その理由は、2011（平成23）年に文部科学省の審議会である「外国語能力の向上に関する検討会」で発表された「国際共通語としての英語力向上のための5つの提言と具体的施策」において、「中・高等学校では学習到達目標をCAN-DOリストの形で設定する」という旨の提言がなされ、その結果、CAN-DOリストが多くの中・高等学校で導入されていたからです。[1] つまり、外国語科の先生方にとって「外国語を使って〜することができるようになる」という形の目標設定は目新しいものではなかったと考えられます。ところが問題は、この「CAN-DOリスト」の形での学習到達目標（以下、CAN-DOリスト）が十分には活用されてこなかったことにあります。[2] 筆者が国や地方自治体の研究拠点校等に授業視察でお伺いするときは、事前に当該校からCAN-DOリストを見せていただくようお願いしています。それに対しての返事は全国「普遍的」に、「どこかにあったと思うんですけ

れど、…英語科のフォルダかなぁ」、「かつての英語科主任が作成したらしいのですが、その方がすでに転勤されてしまって、…」などでした。

5.3 「できるようになること」と「理解すること」

では、なぜ、CAN-DO リストは各校において活用されてこなかったのでしょうか。CAN-DO リストは、学習者（生徒）に求められる英語力を達成するための学習到達目標を「〜することができる」という能力記述文の形で設定します。そのため本来は CAN-DO リストにあるひとつ１つの**ディスクリプタ**（能力記述文）について、それができるようになるよう授業（指導）などが行われるはずなのですが、筆者がこれまでに視察させていただいた授業では、CAN-DO リストが「〜することができる」と能力文で記述されているのに対し、実際の授業における単元の目標は「〇〇を理解することができる」（〇〇は大抵の場合、言語材料や教科書本文の内容理解）「〇〇について考えることができる」（〇〇は大抵の場合、当該単元のテーマ）になっていることが多く、筆者はここに大きな落とし穴があると考えています。つまり、CAN-DO リストが単元の目標に紐づけられておらず、「理解すること」と「考えること」が単元の最終目標となっていることが多いのです。その結果、「〜することができる」ようになるための具体的な手立てがなかったり、または関連が薄かったり、というような授業づくりとなっていると考えられます。

5.4 大きな CAN-DO と小さな CAN-DO

では、どのようにしたら CAN-DO リストを活用することができるのでしょうか。筆者は各学校や自治体で作成された CAN-DO リストを「**大きな CAN-DO**」、それに紐づけた各単元の目標を「**小さな CAN-DO**」とよんでいます。こうすることで、各単元における目標も「英語で何ができるようになるか」がイメージしやすいのではないかと考えています。学習指導要領の領域ごとの目標にもとづいて**大きな CAN-DO リスト**を作成し、それぞれのディスクリプタをどの科目のどの単元でできるように指導するのかを計画（年間指導計画）して、各単元の目標＝**小さな CAN-DO** を明確にします。単元目標に**言語能力**をゴールとした目標を設定し、その目標を達成するための指導方法を検討します。指導方法の検討には、言語活動（タスク）を組み立てて授業をデザインしていくことも含まれます。そのようにして単元の目標が明確になれば、次にその目標が達成できたかどうかを見取ることが可能となる評価方法を決定します。その上で、目標達成に向けて毎時間の指導を決定します。そうすることで、目標から評価までが線で結びつけられ、つながりを確認することが可能となります。

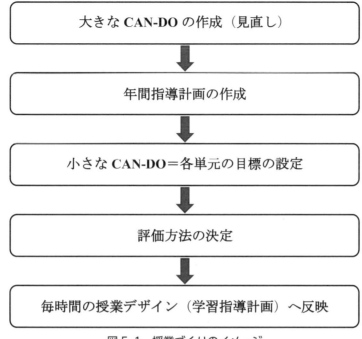

図 5-1 授業づくりのイメージ

5.5 「思考力、判断力、表現力等」の育成

　今回の改訂で整理された、育成したい資質・能力の3つの柱の1つに「未知の状況にも対応することができる思考力、判断力、表現力等の育成」があります。この「未知の状況にも対応できる力の育成」が大切であることは、コロナ禍において私たちは、嫌というほど認識しました。今日の常識は明日には非常識かもしれない、今日の正解は明日の不正解かもしれない。思考力、判断力、表現力を身につけることは、このように変化の激しい社会を生きていく子どもたちにとって、非常に大切なことなのです。

　では、外国語の授業において、これらの力はどのように育成していくことが可能でしょうか。思考力、判断力、表現力という方略的能力とは、「場面や状況にふさわしい表現方法を自ら考え、最適解を選択し、具体的なコミュニケーション上の目的の達成へとつなげていくこと」（第1章参照）ですから、教室での授業において、適切に設定された場面や状況の中で、仲間と協働して最適解を見つけ、コミュニケーション上の目的達成につなげられるような「問い」が必要となります。教師は教科書本文にもとづいて生徒の脳が働くような発問をして、生徒たちは聞いたり読んだりしたことを自分の経験などと結びつけながら自分のこととして考え（personalization）、その問いの最適解を仲間と協働して見つけ相手意識を持ってそれを伝える。このような過程を通して、生徒が思考力、判断力、表現力等を身につけていくことができるのではないか、と考えます。つまり、コミュニケーション上の目的があってこそ言語活動を通して、（学習した単元だけではなく）汎用的な

資質・能力を育成することが可能になるのです。

5.6　評価の規準と基準

　評価については第4、6章でその実践についてくわしく述べているところですが、ここでは授業づくりの際に大切だと考えられる評価規準について少し触れましょう。CAN-DOリスト（大きなCAN-DO）を単元の目標（小さなCAN-DO）に紐づけて設定することについてはすでに述べましたが、いずれも目標は「〜することができる」となります。評価規準はその目標を学習者として達成しているかどうかを見取るためのものですので、「〜している」となります。たとえば、ある単元について、

【単元の目標】

　　（話題についての）情報や考えなどを理由とともに話して伝えることができる。

という目標を設定すれば、評価規準は、

【単元の評価規準】
〈知識〉情報や考えを述べるために必要となる語彙や表現、音声等を理解している。
〈技能〉（話題）についての情報や考えを理由とともに話して伝える技能を身につけている。
〈思考・判断・表現〉（話題）についての情報や考えを、聞いたり読んだりしたことをもとに、理由とともに話して伝えている。
〈主体的に学習に向かう態度〉（話題）についての情報や考えを、聞いたり読んだりしたことをもとに、理由とともに話して伝えようとしている。

となります。

　筆者は、この段階で「通過」（pass）である「**基準b**」を（同僚とともに）設定し、それを生徒たちにも共有して、「何ができたら『この単元の目標を達成できた』ことになるのか」をあらかじめ考えることが大切であると考えます。この**基準b**が明確であることにより、「活動→中間指導」などを経て、できていることやできていないことへの「気づき→活動」という流れが可能となります。活動をやりっぱなしにしないで、**中間指導を言語面と内容面の両方から**行い、「言語活動を通して」単元の目標を達成できるような指導が求められています。また、教師にとっては指導すべきことや支援すべきことが、生徒にとってはより的確に聞いたり読んだりすること（受信領域）や、より適切に話したり書いたりすること（発信領域）ができるようになるために必要なことが分かり、**基準**c→b、b→aに向かって学習に取り組むことが容易になります。ところが**基準b**の姿が教師にも生徒にも分かっていないと、どこをめざしていけばよいのかという目的地がないことにな

ります。よって、各学校の実態や科目（Ⅰ、Ⅱ、Ⅲ）などの段階を考慮しながら、この**基準を体系的に段階を踏んで設定する**ことも、授業づくりにおいては欠かせないことと考えます。

5.7　単元指導計画「英語コミュニケーションⅠ」の具体例

　それでは実際に、検定教科書をもちいた「英語コミュニケーションⅠ」の単元構想を見てみましょう。この単元指導計画は静岡県立静岡東高等学校教頭の塚本裕之先生にデザインしていただきました。ポイントとなる箇所に、[a][b] などの記号を付して筆者からのコメントを入れてあります。

・・

「英語コミュニケーションⅠ」

1　**単元名**　聞いたり読んだりしたことをもとに、情報や考えを理由とともに話して伝え合う。

2　**教材**　Lesson 10 "Ethical Fashion"
　　　　　VISTA English Communication Ⅰ（三省堂）

> 本資料では「聞いたり読んだりした情報をもとにして伝え合う」ことを目標とし、「話すこと［やり取り］」の指導と評価について扱う。

3　**単元の目標**[a]
　社会的な話題[b]（ethical consumption）に関する説明を聞いたり読んだりして、概要や要点をとらえることができる。また、それらを活用して、話題について自分が取る行動を、理由とともに話して伝え合うことができる。

4　**単元の評価規準**

知識・技能	思考・判断・表現	主体的に学習に取り組む態度
・情報や考えを述べるために必要となる語彙や表現、音声等を理解している。 ・社会的な話題（ethical consumption）についての情報や考えを理由とともに話して伝える技能を身につけている。	自分の考えを、相手により良く理解してもらえるように、環境や人にやさしい消費者として自分が取るべき行動について、適切な理由とともに話して伝え合っている。	自分の考えを、相手により良く理解してもらえるように、環境や人にやさしい消費者として自分が取るべき行動について、適切な理由とともに話して伝え合おうとしている。

> [a] この構想案では、最終単元の目標として、1年間の学習を通して、生徒に何ができるようにさせたいかを意識した目標となっています。

> [b] 学習指導要領では英語コミュニケーションⅠ、論理・表現Ⅰの段階から、日常的な話題とともに社会的な話題も扱うことになっています。また、「Ⅰ」科目の段階では、支援の程度について「多くの支援を活用すれば」となりますね。

70 「やり方編」

5　指導と評価の計画

時間	ねらい（■） 主な言語活動（丸数字）
1	■教科書の話題である「学校祭」に興味を引き付けるとともに、話題に関する基本的な語句をもちいてやり取りする。（話題の導入） 〈本時の問いの提示〉 Do you like school festivals? Why do we hold school festivals?（学校祭は好きですか？　私たちはなぜ学校祭を行いますか？） ① 教師が質問をするなどしながら学校祭の思い出についてやり取りする。（10分） Do you like school festivals? What did you do at your junior high school festivals? Do you have any good/bad memories? 等 ② 学校祭の出し物等を写した写真（A～C）を提示し[c]、生徒とのQ&Aにて、学校祭に関係する語句（名詞・動詞・形容詞）をマッピングしながら整理する。（ICT機器の活用も考えられる。）（10分） 例）A：屋台　B：音楽ライブ　C：お化け屋敷　など Look at these pictures. What can you see in these pictures? Why do students like these things? What do/can you do there? ③ 3人グループを作り、グループでA～Cのうち1か所だけ行くことができるとしたらどこに行くか、学校祭の目的を踏まえて理由とともに考える[d]。（表現例としていくつかの比較表現等を示す）（15分） I prefer A because … / A is better than B because … / I'd rather go to C because … ④ 新しい3人グループを作り、③で話し合った内容を伝え合う。（5分） ⑤ クラス全体で話し合った内容のいくつかを共有する。（5分） ⑥ ⑤を踏まえながら、生徒とのQ&Aにて、学校祭の目的や意義についてやり取りする。（5分） Haunted houses are fun, aren't they? But, do you think the purpose of school festivals is just to have fun?
2	■学校祭のクラスTシャツについて考え、やり取りする。（単元の目的・場面・状況の導入） ① 学校祭の写真（クラスTシャツを着ているものとそうでないもの）を複数提示し、生徒とのQ&Aにて、クラスTシャツについてやり取りする。（10分） Look at these pictures, A and B. What differences can you see? … Yes, in this picture, students are wearing class T-shirts. 　○（着ることの好み）Do you want to wear class T-shirts? ―If yes, why? If not, why not? 　○（着る・作る場面）When do we wear / make these special clothes? 　○（作る目的）Why do students make class T-shirts? Do we really need to make them?[e]

[c] 話題に関する基本的な語彙や表現を生徒からより多く引き出すための支援として、ビジュアルエイドをもちいているのがいいですね。教師がマッピングした語彙や表現に、生徒が追加していくような活動を加えてもよいでしょう。

[d] 単元末の活動において「理由とともに自分の考えを述べる」ことが期待され、〈比較表現〉をもちいることが想定されます。第1時にも〈比較表現〉に適した言語活動を取り入れるのは効果的ですね。

[e] 単元を貫く問い（Essential Question）にもなり得ますが、この単元では、「作る必要があるか否か」の議論ではなく、「作るとしたら」という状況を設定した上で生徒をGoal activityへと導くことを最終目標としていますので、ここでは軽く触れる程度にとどめています。

第 5 章　学習指導要領にもとづいた授業づくり　71

〈本時の問いの提示〉
What is the best class T-shirt for us?（自分たちのクラスTシャツとして相応しいものは何か？）
Today, I'd like you to design a good class T-shirt and explain why it is good for us.

② クラスTシャツの例（A〜C）を提示し[f]、生徒とのQ＆Aにて、Tシャツの特徴を説明する際に必要となる語句（名詞・動詞・形容詞）を整理する。（10分）
例）A：担任の先生の顔が描かれたTシャツ
　　B：クラスモットー（目標）が書かれたTシャツ
　　C：クラス全員の名前が書かれたTシャツ
Before designing one, let's look at some of the designs for class T-shirts your seniors (*sempai*) made in other years. Look at these pictures. What is this? Yes, this must be their class motto ...

③ 3人グループで、条件にもとづいてオリジナルのクラスTシャツを紙面にて構想する[g]。（15分）
Let's design a good class T-shirt for us. But there are several conditions we must understand.
　条件1：例年1,000円程度で作成
　条件2：基本料金＋「カラー数」「プリント数」「プリントサイズ」「生地」
※条件2についての情報が書かれた一覧表（ハンドアウト）を用意する。
④ 新しい3人グループで、③のグループにて構想したオリジナルTシャツを条件と照らし合わせながら伝え合う。グループ内で一番良いクラスTシャツを理由とともに考える。（8分）
⑤ ④の内容をクラス内で共有し、クラスTシャツとして相応しいものを決める。（7分）

3　■教科書本文を読み[h]、"ethical"という語と"The cheaper, the better."という考えの問題点を理解した上で、教科書にある情報をもとに、"ethical class T-shirts"を説明することができる。

① 前時で構想したクラスTシャツについて、生徒とのQ＆Aにて、構想した際に配慮した要素について意見を出し合う[i]。（10分）
When you talked about your class T-shirts in the last lesson, which was the most important to you: quality, design, or price? Why?

〈本時の問いの提示〉
Is the saying "the cheaper, the better" true?（「安ければ安いほど良い。」これは本当か？）
Are cheap class T-shirts really better for us? Let's think about this question today.

[f] 第1時の②の言語活動と同じ形態（話題についての語彙や表現のマッピング）の活動が行われています。このように、同じ言語活動の形態をもちいることで、生徒の意識がより「活動内容」に向かうことが期待できますね。

[g] この活動のねらいは、次の"ethical"という考え方へのブリッジとなるよう、まずは生徒がethicalという意識を持つことなく、単に「クラスTシャツを作るとしたらどんなものがよいか」を共有することです。ただし、少し重い活動になったり、この活動自体が目的になってしまったりする可能性もあるので、取り入れるかどうかは、クラスの実態に合わせて判断するとよいでしょう。

[h] 単元の言語活動でもちいる言語材料や視点について読み取りながら、「概要や要点をとらえる」活動です。
また、単元末活動のテーマが社会的なため、第2時まで導入活動を行うことで、まずは日常的なテーマでの産出活動によって生徒が足慣らしできる、という工夫が見られますね。

[i] 本文で先入観を与える前に前時で活動を行ったことで、ethicalであることに対して無自覚であったことへの気づきが生まれそうですね。前時の活動では条件が設定されていますので、たとえば、「生地」がここのqualityにあたるでしょうか。条件に隠された仕込みがありますね。授業をまたいだ活動設計のよい例ですね。

② 安いクラスTシャツのメリットとデメリットについてブレインストーミングし、Tチャートに考えを書き出し、書き出したものを共有する。（ICT機器の活用も考えられる。）[j]（15分）
③ 教科書本文を読み[k]、マイク、萌（クラス委員長）、佐藤先生（クラス担任）のやり取りから以下の情報を読み取り、読み取った内容を確認する。（15分）
　a) Why do they want to make class T-shirts?（クラスTシャツを作る理由）[l]
　b) Is Ms. Sato for the idea "the cheaper, the better"? If not, why not?[m]
　　（佐藤先生の"the cheaper, the better"に対する考え）
④ ethical という言葉を知らない友人に、"ethical class T-shirts"を説明する英文を作成し、ペアで音読して伝え合う[n]。（10分）
※時間があれば、第4時への橋渡しとして、生徒とのQ&Aを通して、ethical class T-shirts に止まらず ethical goods について知っていることを引き出す。

[j] ICTをどう活用するのかも大切な視点です。

[k] 本時のねらいにある通り、教科書本文の概要や要点をとらえる活動です。また、この③が初めて本文を読む活動となりますので、本文を読む前に先入観なく①②の活動に取り組める点も工夫されていますね。

[l] 前時の①で行った、クラスTシャツについてのやり取りの活動が、この活動につながってきますね。

[m] 教科書本文を読む活動を通して、単元でもっとも大切になる視点（perspectives）がここで導入されています。

[n] 単元の鍵となる語"ethical"の定義のために、あえて知識及び技能のための活動が設定されています。言い換えなどのストラテジー指導にもなりますね。間接的には、相手の知らない概念を伝える際の態度形成にもつながりそうですね。

4　■教科書の話題を社会的な話題（ethical consumption）としてより広くとらえるとともに、そのことについて自分が取る行動について理由とともに伝えることができる。[o]

〈本時の問いの提示〉
"Changing our lifestyles can make a world where everyone is happier." What does this mean?
（「私たちのライフスタイルを変えることで、みんながより幸せな世界を創造することができる」とはどういうことか？）

① 教科書（p.108）にある、"Changing our lifestyles can make a world where everyone is happier."という英文を示す。生徒とQ&Aを行い、前時までに学習した内容（ethical T-shirts 等）を踏まえて、教科書にある語句をもちいながらこの英文に関する考えや意見を出し合う[p]。（教師は、フィードバックやリキャスト³等をしながら生徒が発するキーワードを黒板にメモ書きする。ICT機器を活用してもよい。）（10分）
What should we do to make a world where everyone is happier?
→We should buy ethical T-shirts.（p.104 の内容に関連する事項）
→We should not buy products from a company if they don't think about the environment and people. / We should not use chemicals in cotton fields.（同 p.106）
→We should buy T-shirts made of organic cotton. / We should pay enough to improve people's lives. / We should wear class T-shirts longer.（同 p.108）など

② 教科書（p.103 の Quiz ❹の写真）にあるフェアトレードのロゴに代表されるような ethical labels の例をいくつか示し、label がついている製品を買うようになるという行動の変化が、どのように "Make a world where everyone is happier" につながるのかを考える[q]。そして、考えたことをグループまたはペアで伝え合

[o] ここでは、第1、第2時での自分たちの考えと比較しながら教科書本文を読むことで、生徒が ethical consumption への理解を深めることが期待されています。

[p] 生徒が教科書で学習した語句や表現を使って、自分の考えなどを発信するための工夫がされています。また、ここまでに読んだことや聞いたことなどにもとづいて自分の意見を発信させる、段階を踏んだ指導が見られていいですね。社会的なテーマについて「より理解したい」という「読むこと」への動機づけも図られており、学習のサイクルの工夫も見られます。

う。(15分)
＊ethical labels の例：https://brightly.eco/ethical-labels-to-look-for/
（オーガニック製品である、動物実験をしていない、環境に配慮している、などのラベルが紹介されている。）

③ 以下に示す例のように、ethical labels の1つを話題として取り上げ、ある状況において、"Make a world where everyone is happier" という視点から[r] label があるものを買うか否か、自分が取るであろう行動について理由とともに考える[s]。（主語はI とする）（15分）
※ "Make ..." が困難な場合は、to save the environment, to save people とすることも考えられる。
例）今月のお小遣いの残金が300円しかないが、どうしてもチョコレートが食べたい。
A：フェアトレードラベルのある300円のチョコレートを買う[t]。
B：フェアトレードラベルのない100円のチョコレートを買う。
C：その他
※評価について：
　条件1：目的・場面・状況を踏まえて意見を述べている。
　条件2：自分の行動とその理由が述べられている。
　条件3：条件2が環境や人を守ることと関連づけられている。
例1）I will buy a 100-yen chocolate bar because it is cheap. (C評価)
例2）I will buy a 100-yen chocolate bar because I really want to eat it. I will do something different for the environment. For example, I will make a donation to help children. (B評価)
例3）I cannot afford to buy a 300-yen chocolate bar, so I would buy cheap chocolate. I cannot directly do anything good for the world by buying chocolate, but instead, I can reduce plastics in the environment if I do not buy plastic bags. (A評価)
④ ③で考えた内容をグループで伝え合う。(10分)
⑤ グループで聞いた内容を、他のグループに伝えるなどしてクラス内で共有する。
※時間があれば、③の活動をいくつかの ethical labels について行うことも考えられる。

発展的活動[u]
　本単元の話題は、クラスTシャツを作ることの是非など、自分の立場を明確にしたうえで意見を述べ合うといった発展的な活動を取り入れるのにふさわしいものである。そこで、生徒の熟達度に合わせて、次の例に示すような活動を取り入れることも考えられる。その際、自分の意見とその理由を述べ合う練習として、ディベートの「要約と反論」を練習するための手法として考案された "Summary & Refute" の形式を取り入れた活動を行うことが考えられる。

[q (p. 72)] Ethical consumption という考え方が、教科書の中だけの特別な状況（specific）に限定されず、日々の生活の中（general）にもあることを意識させ、生徒がテーマを自分のものとして引き寄せられる工夫がされていますね。

[r]「買う・買わないといった行動の違い」よりも、「評価について」の「条件3」にある通り、「ethical の視点からの行動とその理由」を意識して生徒が考えられるように工夫されています。第3時から第4時にかけて、視点の取り入れをうながしている指導とつながっていますね。

[s] この単元で新たに得た知識及び技能を、生徒がどのように実生活の中で生かせるかという視点で落とし込む（personalization）活動が導入されています。

[t] この選択肢を入れた場合、回答が一辺倒になってしまう可能性もありますが、本単元でできるようになることを視覚化するには入れておいた方がよいと考えます。Cに、よりよい解決策やその理由が出てくることを期待して。

[u] 単元の本来の話題（クラスTシャツ）をもちいて、本格的なディベート活動へのブリッジ的な活動が取り入れられています。

【例】(第 5 時以降)
　○目的：クラス T シャツに関する提案について、自分の立場を明確にしたうえで、意見を理由とともに伝え合う。
　○場面：学校祭に向けてどんなクラス T シャツを作るかについて話し合う。
　○状況：通っている学校には、学校祭にて 1,000 円程度の予算でクラス T シャツを作る文化がある。クラス担任（佐藤先生）の助言を踏まえて、クラス委員長の萌が、クラス T シャツをより人や環境にやさしい ethical なものにすることを提案するが、これまで通り安価なもので良いという考えもあり、クラス内で意見が分かれている。

○萌の提案：佐藤先生の助言から "Make a world where everyone is happier." を念頭に、学校祭に向けて、ethical class T-shirts（T シャツ B）を購入する。
　T シャツ A（例年通り）：¥1,000, no ethical label, popular color, fashionable logo, 100% cotton
　T シャツ B（萌の提案）：¥1,500, ethical label, plain color, no logo, 100% organic cotton
○T シャツ A と B の良い点と悪い点についてブレインストーミングする。
○萌の提案に対する賛成の立場、反対の立場の両方の立場で自分の考えを理由とともにメモ書きする。
○3 人グループとなり、Summary & Refute の形式で意見を述べ合う。

Summary & Refute

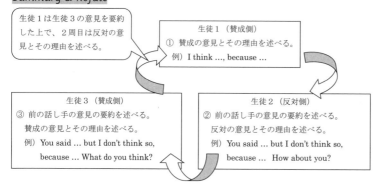

参考：一般社団法人　日本高校生パーラメンタリーディベート連盟ホームページ（英語ディベート教材）（※一部改）

・・・

●授業づくりのポイント①（亀谷より）
　単元構想では「この単元が終わったら生徒は英語で何ができるようになるか」という目標に向けて、言語活動を通した段階的な指導を積み重ねる授業や評価をデザインすることになりますね。
・目標：当該単元で生徒が英語でできるようになることを設定（CAN-DO リストと紐づけて）

・指導：その目標達成のための言語活動を通した指導
・評価：その目標が達成できたかどうかの見取り

とすることにより、目標・指導・評価の一体化となります。「英語で何ができるようになるか」の目標設定が授業づくりを決めていきますね。生徒が目標達成のために何ができて何が必要なのか、できるようになるには何をしたらよいのか、を見通して授業をデザインします。

5.8 単元指導計画「論理・表現Ⅰ」の具体例

次に、同じく実際の検定教科書をもちいた「論理・表現Ⅰ」の単元構想を見てみましょう。この単元指導計画は鹿児島県教育委員会高校教育課の有嶋宏一先生にデザインしていただきました。ポイントとなる箇所に、筆者からのコメントを入れてあります。

「論理・表現Ⅰ」

1　単元名　食と文化について、自分の考えを書いて伝える。

2　教材　Lesson 4 "Food and Culture"
　　　　　MY WAY Logic and Expression I（三省堂）

【この Lesson について】
○ 本 Lesson では、食と文化について扱う。ICT は、最大限に活用する。
○ Part 1 で「話すこと［やり取り］」、Part 2 で「書くこと」を扱っているが、本単元では、「書くこと」の指導と評価について扱う[a]。
○ 取り扱う文法事項は、現在完了形と現在完了進行形。

3　単元の目標[b]
　日常的な話題について、使用する語句や文、対話の展開などにおいて、多くの支援を活用すれば[c]、基本的な語句や文をもちいて、情報や考え、気持ちなどを書いて伝えることができる。

4　単元の評価規準[d]

知識・技能	思考・判断・表現	主体的に学習に取り組む態度
・情報や考えを述べるために必要となる語彙や表現、音声などを理解している。 ・食と文化について、情報を交換するために話し合ったり、自分の考えを理由とともに書いて伝えたり	自分の考えを相手により良く理解してもらえるように、理由とともに、書いて伝えている。	自分の考えを相手により良く理解してもらえるように、理由とともに、書いて伝えようとしている。

[a]「本単元では」とあることから、年間を通して評価の場面が綿密に計画されていることが分かりますね。この単元では、「書くこと」を目標として、「話すこと［やり取り］」が授業の中で扱われていますが、この「やり取り」は目標としていませんので、評価として扱われていません。「書くこと」が目標に基づく指導と評価となっています。

[b]「この単元が終わったら生徒は英語を使って何ができるようになるのか」という目標設定が明確になっています。

[c] この授業は「Ⅰ」の科目ですので「多くの支援を活用すれば」となっていますね。Ⅰ→Ⅱ→Ⅲと支援の段階を減らしていくことにも留意したいですね。

[d] この単元では、上記の2にあるように「書くこと」について評価しますので、評価規準は「書くこと」に関するものとなります。もしも「話すこと［やり取り］」も評価する場合には2つ書く必要があります。

76　「やり方編」

する技能を身につけている。	

5　指導と評価の計画

時間	ねらい（■） 主な言語活動（丸数字）
1	■レストランなどで使う基本的な語句を理解するとともに、それらをもちいて考えを伝え合う。（第1時はティームティーチングで行う。） ［予習］[e] 生徒は教科書の Part 1 の Q1～Q5、p. 52 の Word Bank に解答する。なお、Q4 と Q5 はスマートフォンなどで二次元コードを読み込み、リスニングをして答えるように指示しておく。生徒は問いの答えを、Google Forms や Microsoft Forms など（以下、Forms）に書き込む。[f] 【導入】[g]（10 分） 　この Lesson では、知識・技能として現在完了形・現在完了進行形を扱う。まずは生徒に現在完了形や現在完了進行形の使用例を示す。 ① 授業開始の挨拶のあと、すぐに下の**表1**の3つのメニューを生徒に示す。レストランで JTE（Koji）と ALT（Naomi）の2人がランチを注文するが、生徒は2人がどれを注文するか予想し、またその理由も考える。1分待ってリスニング開始。 表1　メニュー | A：Sushi Lunch | B：Japanese Lunch | C：One-Plate Lunch | |---|---|---| | 1,000 yen | 800 yen | 700 yen | ［スクリプト］ Koji：My friend said this restaurant is good. Oh, here comes the menu. Naomi：Thank you.（メニューを店員から受け取るふり） Koji：What do you want to eat? Naomi：Well ... Do you have any recommendations? Koji：Recommendation?　あ、オススメね。Have you ever tried sushi?[h] Naomi：No, not yet. I have never tried sushi before.[i] Koji：Then how about Lunch A? It looks good. Naomi：OK! How about you?

［e］ここで予習を課す意図は、(1) 個別最適化を促進する、(2) 実は成績と最も関連が高い「主体的な学習方法」を学ぶ機会＋学習プロセスの多様化を進める、(3) 知技やリスニングを学び英語力を高めるのに個人で学ぶ機会を保障する、の3点があげられます。つまり、「授業内外で個別に学ぶ時間」となっていますね。授業では情報や自分の考えを伝えたり伝え合ったりするような「協働的に学ぶ場面」が多くなります。そのため、それまでの活動（準備、練習など）は授業時間に行ってもいいし、1人でできるのであれば、予習という形式にしてもいいですね。

［f］「ICT は、最大限に活用する」とあるように、ICT の活用について工夫が見られますね。

［g］この導入では、ターゲットとしている文法事項（ここでは現在完了形）について具体的な場面を提示することによって、その活用などについて、生徒の気づきをうながしていますね。単なる注文の場面ではなく「おすすめする場面」であり、そのために経験を尋ねているという機能への気づきや理解もうながしています。

［h］「JTE が ALT に助言を求められておすすめしている場面」であることに注目させる工夫がありますね。

［i］ねらいとなっている言語材料（現在完了形など）について、文脈のある英文や適切な場面設定の中で明確に示されている点がいいですね。

> Koji : I will have Lunch B. It looks good for my health.
> Naomi : Yes, It is good for the environment, too!

② 2人の注文とその料理を選んだ理由を確認し、次の表現を確認する。
Do you have any recommendations? / Have you ever tried sushi?

【教科書を使った活動】（25分程度）
③ 生徒は教科書を開く。Q1〜Q3について、教師は生徒の解答を確認した上で、正解を述べたり、コメントをしたりする。
④ 教師は教科書 p. 51 のモデル会話を教室全体に音声で流す。Q4, Q5 の問いの答えについて、生徒の答えをもとにコメントする。そのあと、p. 51 下部の Words & Phrases の単語7つを Repeat し、Quizlet などを活用して確認する。
⑤ 会話をペアで音読する。発音がわからない箇所などは、各自タブレット・PCで二次元コードから聞き直させる。[j]
⑥ 各自で音読、Overlapping、Shadowing を行ったあと、二次元コードで音声を再生して、Dictation を行う。教師は机間指導をして、発音やイントネーションなどについて指導を行う。
⑦ ペアで会話を繰り返させ、語句や表現の定着を図る。

[j] ICT を活用して、ここでは個別最適の学びができる工夫が見られます。

【目標となる文法事項に親しむ】（10分程度）
⑧ 現在完了形に慣れ親しむよう、「I have never ...」の活動を4人グループで行う。[k]

(a) 全員起立して、グループの中で教員にもっとも近い生徒（教室前方のドアに一番近い生徒でもよい）から I have never ... を使った英文を1つずついっていく。
　例：I have never tried *wasabi*! Have you?
(b) 自分にとってその英文が当てはまるかどうか、全員が Yes, I have. / No, I haven't. (Me, neither.) のどちらかで述べる（この場合は No, I haven't. / Me, neither. だったら当てはまっている）。
(c) 時計回りで、同じように次の人がまた英文を1ついう。当てはまった回数を数えておく。グループの人がいった英文が自分にも5回当てはまったら座る（そして、まだ続く場合は、他の人が続けるのを見る）。
(d) 最後まで座らなかった人がグループで優勝。

[k] 文法事項を扱うときには、意味と形式と使用場面について考える必要があります。ここでは、意味中心のやり取りを通して、形式に気づきをうながしていますね。この活動では、生徒は形式ではなく意味を第一に考えますので、該当の文法事項に自然に気づきをうながすことができます。お互いの経験について話すことができるので、興味を持って取り組めますね。

【まとめ】（5分）
⑨ 次回の授業までに、各自で p. 53 の Let's Talk の内容を確認したり、音読などをしたりしてくるように伝える。

2 ■レストランでの［やり取り］を行う。

【教科書を使った活動】（10分）
① p. 53 の Let's Talk の Step 1, 2 の活動をペアまたはグループで行う。

【目標となる文法事項に親しむ】(15分)
② 「Two Truths & a Lie」を行う[l]。現在完了形と過去形の区別に慣れる。

(a) ペアまたはグループを作る。
(b) 各自で現在完了形を使った3つの英文（2つの真実と1つの嘘）を書く。その際、once / twice / never などを使った英文を書くように伝える（ただし、全部の文で同じ副詞を使わないように注意する）。生徒の参考になるようにいくつか例文を示す。
　　例：(1) I have visited Taiwan twice.　(2) I have never tried *wasabi*.　(3) I have never ridden a bike.
(c) 最初の生徒が、まず3つの英文すべてを述べる。そのあと、すぐに最初の英文をもう一度述べる。ペアまたはグループの生徒は、その英文に対して、When was it? / Where did you go? / With whom? などの質問をして（生徒が使いやすいようにこの種の質問をいくつか示しておく）、英文の真偽を確かめる。以下、同じように残りの2つの英文も確認する。最後にどれが嘘の英文かを当てる。（なお、活動の途中で現在完了形と過去形の違いについて生徒がよく理解していなかったり、多くの間違いが見られたりしたら、中間指導[m]としていったん活動を止めて説明をしたり、活動が終わったあとで説明をしたりするなどして対応する。）
(d) 1人目が終わったら、時計回りで次の生徒がまた英文を言い、同様に真偽を確認していく。

【やり取りの評価につながる活動】(15分)
③ やり取りのパフォーマンステストと同じ形式で、活動を行う。[n]

(a) 生徒は3人グループを作り、第1時に使用した表1のようなメニューを使って、店員（日本人）と客2人（英語を話す外国人）になりきって、注文に関する会話を行う。
(b) 次の3つの条件を満たす会話を行うよう説明する。
　　条件1　レストランでの注文の際によく使われる表現を多くもちいること。
　　　　表現例：Are you ready to order? / Anything to drink? / I'll have ... /
　　条件2　オススメのメニューについて質問したり、答えたりすること。
　　　　表現例：Do you have any recommendations? / Which do you like better, ...?
　　条件3　ある特定の食べ物を食べたことがあるか質問したり、答えたりすること。
　　　　表現例：Have you ever tried [enjoyed, had] ...?/ Yes, I have. / No, I haven't.
(c) 生徒はランダムに選ばれたメニューを見て、どのような会話を行うかについて1分間準備したあとで[o]、ペアにした

---

[l] この活動は、生徒が互いに知り合うことに役立ちますね。相手のことをよりよく知ろうという相手意識を働かせることで、目的をもってより傾聴するようになり、リスニング力を高める効果も期待できます。現在完了形だけでなく、他の文法項目を学習する際にも活用できます。前時の「I have never...」の活動と同様に、この活動においても生徒が「形式ではなく、意味に焦点化する」よう意図されています。
また、この活動は家庭学習とすることもできます。

[m] 「中間指導」として何をどう指導するかも計画されていますね。ここでは【知識・技能の習得】のための中間指導となっています。

[n] この活動のねらいは、(1) 条件で指定する語句や表現を活用して習得につなげること（＝指導と評価の一体化を図ること）と、(2) パフォーマンステストの際の手順等について、生徒と教師が前もって共有すること、の2点になります。（この課では「話すこと[やり取り]」の評価は行いませんが、あとで評価する際に役立つように工夫されています。
さらに、第4時の「書くこと」の評価の条件1に関わる表現の定着を図るねらいもあります。
思考・判断・表現を測るパフォーマンステストでは、単元の言語材料の使用を求めず、条件として機能を示すことで、自然と活用を引き出すことにも留意しましょう。

[o] いきなり活動をさせるのではなく、こうした活動前の準備も大切ですね。生徒がコミュニケーションをどう行うかの見通しを持つことができますね。

グループ同士で発表し合う。教師は、生徒のやり取りを聞きながら適宜フィードバックを与えたり、指導に生かす評価を行ったりする。

【教科書を使った活動】(5分)
④ p. 55 の Exercise の問題を解き、Forms に解答を書き込む。教師は生徒の答えを確認しながら、共通の誤りについて、説明する動画を共有し、補足問題などを追加する。

【まとめ】(5分)
⑤ 次の授業までに Part 2 の Q1〜Q5、そして p. 58 の Word Bank に解答するよう指示する。生徒は問いの答えを、Forms に書き込む。

3 ■ Narrative の方法を覚えて、使う。[p]

> [p] ここで Narrative を導入した意図は、現在完了進行形の文法的機能に気づきやすくするためです。

【導入】(10分)
① リスニング
　挨拶のあと、すぐに右の写真を生徒に示す。2人についての以下の質問の答えを予想させてから、リスニングを開始する。

(1) What are their names?　(2) Where do they work?
(3) What happened?　(4) Are they good friends?

[スクリプト][q]

> [q] 教科書本文とは別に用意されています。

　James and David get along well. They have known each other since they were very little. They work in the same bakery. For the past five years, they have been walking to the bakery together every morning.
　But then, James got injured. He burnt his leg. Because of this, James has been absent from work for a week. After work, David has been visiting James' house to make food. They are really good friends.

② 答えを確認し、現在完了進行形の用法を明示的に説明する(「継続」や「より短い一時的な状況」など)。
③ スクリプトを確認し、Narrative では時系列に沿って述べることを教える。

【教科書を使った活動】(25分)
④ Q1〜Q3、Q4〜Q5、本文や単語の扱いは第1時と同じように行う。
⑤ p. 59 の Let's Write の Step 1、2 の活動を行う。

【目標となる文法事項に親しむ】[r] (10分)
⑥ 絵を見て、互いに理由を伝え合う活動。現在完了進行形は、直前までの行動を表すのに便利であることを伝えてから、A のイ

> [r] 文法の導入には、「どのようなときに使えるか」を伝えることが大切ですね。

80　「やり方編」

	ラストを例として説明する。生徒はペアかグループで B、C について英語で述べ合う（理由を述べる際には、for an hour/ two hours などを加える）。	
	A: Why is Megan tired? / B: Why is John dirty? / C: Why is Mie satisfied?	
	Example：Why is Megan tired? ―Because she ＿＿＿＿＿＿ for an hour.（答え：has been working hard）	
	【まとめ】（5分） ⑦ p. 61 の Exercise の問題を解き、指定した Forms に解答を書き込むよう指示する。教師は生徒の答えを確認しながら、共通の誤りについて、説明する動画を共有し、補足問題などを追加する。	
4	【CLIL＊[s]：Writing】日本の将来の食事を予想して、読者に語りかけよう。 ① 生徒はペアかグループに分かれる。資料1 と 資料2 を配布する。 ② 資料1 の Figure 1 について、Have you ever tried this? などと話しかけ、資料2 の Q1 に答えさせる。また、普通のハンバーガーとどこが異なるのか、Q2 に答えさせる。 ③ Figure 2 について、これは何のグラフかを聞く。理解を確認できたところで、Q3 に答えさせる（答えは、15,415 liters of water.）。Q4 にも答えさせる。 ④ Figure 3 について、何の地図かを聞く。水ストレスについて、淡水（fresh water）の使用率であることを述べる（数値が大きいほど水不足であることを示す）。2040 年には、どこの水ストレスが高いかを尋ねる（Q5）。また Q6 で、日本の現状や 2040 年の状況について、考えさせる。 ⑤ Figure 4 について、野菜を使った代替肉の世界の市場規模予測（2030 年は 2020 年の何倍か）を読み取るよう、Q7 で指示する。また、日本の市場規模予測を読み取るよう、Q8 で指示する。 ⑥ 資料3 の Let's speak! をもちいて、自分の意見やその理由、具体例などを述べる表現を練習する[t]。生徒が無理なく意見や理由を述べられるよう、表現を分かりやすく説明するなどの工夫をする。 ⑦ 以下の Writing タスクを与えて、書くべき内容を確認する。[u] [Writing Task] Your friend, Dan, sent you a message. Please reply to him.	[s] CLIL の工夫自体は思考をうながすためにも有効ですが、教科書の内容からあまりにも乖離しないように気をつけましょう。 [t] Let's speak! の活動は、以下で述べる「書くこと」の「思考・判断・表現」についての3つの条件のうち、条件 2、3 を満たすための「知識・技能」を習得することを目的とした学習活動となっています。 [u] 日本の将来の食事を予想した一般的な読者へのレポートを書くのではなく、友だちの Dan への返信を書くという具体的な場面・状況を設定しています。Dan がいる UK の状況なども踏まえ、より相手意識をもって書くことができるように工夫されていますね。

Do you like plant-based meat? Have you tried that meat? Plant-based meat is becoming more popular in the UK, and can be purchased at supermarkets such as TESCO and ALDI. Also, you can enjoy meatless hamburgers (McPlant burgers) at McDonald's. Do you think plant-based meat will become more popular in Japan? Please let me know your opinion.

⑧ 採点の基準[v]

次の表を使って評価する。「思考・判断・表現」については、次の条件をすべて満たしていれば「b」(おおむね満足できる)とする。

> [v] a基準とb基準が明確に示されていますね。

○「思考・判断・表現」についての3つの条件

| 条件1：Plant-based meatに関する好き嫌いや経験の有無を書いている。 |
| 条件2：自分の考え、意見などを明確に書いている。 |
| 条件3：理由や具体例によって、自分の考えや意見などを支えている。 |

	知識・技能[w]	思考・判断・表現	主体的に学習に取り組む態度
a	語彙や表現の選択に優れ、理解しやすい英文をもちいて書いている。	3つの条件を満たした上で、関連する情報や自分の考え意見などをくわしく書いて伝えている。	3つの条件を満たした上で、関連する情報や自分の考え、意見などをくわしく書いて伝えようとしている。
b	誤りが一部あるが、理解に支障のない程度の英文をもちいて書いている。	3つの条件を満たして書いて伝えている。	3つの条件を満たして書いて伝えようとしている。
c	「b」を満たしていない。	「b」を満たしていない。	「b」を満たしていない。

> [w]【知識・技能】の観点の評価であっても、「正確さ」ではなく、「適切さ」を基準としていますね。

*CLILとは、Content and Language Integrated Learningの略称。教科科目やテーマの内容 (content) の学習と言語 (language) の学習を組み合わせた学習の総称で、英語などの第二言語を通して、何かのテーマや他教科を学ぶ学習形態を指します。

資料1

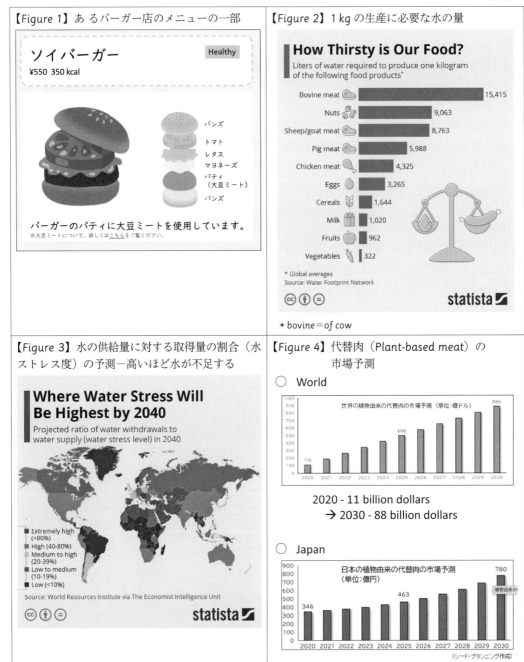

【Figure 1】あるバーガー店のメニューの一部

ソイバーガー　Healthy
¥550　350 kcal

バンズ
トマト
レタス
マヨネーズ
パティ（大豆ミート）
バンズ

バーガーのパティに大豆ミートを使用しています。
※大豆ミートについて、詳しくはこちらをご覧ください。

【Figure 2】1kgの生産に必要な水の量

How Thirsty is Our Food?
Liters of water required to produce one kilogram of the following food products*

Bovine meat　15,415
Nuts　9,063
Sheep/goat meat　8,763
Pig meat　5,988
Chicken meat　4,325
Eggs　3,265
Cereals　1,644
Milk　1,020
Fruits　962
Vegetables　322

* Global averages
Source: Water Footprint Network

＊bovine = of cow

【Figure 3】水の供給量に対する取得量の割合（水ストレス度）の予測―高いほど水が不足する

Where Water Stress Will Be Highest by 2040
Projected ratio of water withdrawals to water supply (water stress level) in 2040

Extremely high (>80%)
High (40-80%)
Medium to high (20-39%)
Low to medium (10-19%)
Low (<10%)

Source: World Resources Institute via The Economist Intelligence Unit

【Figure 4】代替肉（Plant-based meat）の市場予測

○ World

世界の植物由来の代替肉の市場予測（単位：億ドル）
110 … 498 … 886
2020 - 11 billion dollars
→ 2030 - 88 billion dollars

○ Japan

日本の植物由来の代替肉の市場予測（単位：億円）
346 … 463 … 780
2020 - 34 billion yen
→ 2030 - 78 billion yen

出典：（株）シード・プランニング
植物由来の代替肉と細胞培養肉の現状と将来展望

Source:
Figure 2　https://www.statista.com/chart/9483/how-thirsty-is-our-food/
Figure 3　https://www.statista.com/chart/26140/water-stress-projections-global/
Figure 4　https://www.seedplanning.co.jp/archive/press/2020/2020060901.html

Let's think!

Q1 **Figure 1** Have you ever tried this burger?

Q2 **Figure 1** Why is it different from ordinary burgers?

Q3 **Figure 2** What is required to produce 1 kg of bovine meat?

Q4 **Figure 2** Comparing the amount of water needed to produce 1 kg, how many times more water is needed for beef than for vegetables?

Q5 **Figure 3** Where is the water stress high?

Q6 **Figure 3** What will the level of water stress be in Japan in 2040? Do we have enough water now?

Q7 **Figure 4** How many times higher is the global market forecast for plant-based meat in 2030 than in 2020?

Q8 **Figure 4** How many times higher is the forecast for plant-based meat in the Japanese market in 2030 than in 2020?

資料2 資料2では、資料1で提示したFigure1〜4のデータを通して考えが深められるよう、データを見る視点が質問によって与えられていますね。

Let's speak!

Figure 4 shows that the world market for plant-based meat will be eight times larger and the Japanese market twice as large by 2030. It means that the Japanese market will not develop as much as the world market. Why? What reasons can you think of?

I think Japanese people don't eat so much meat because there are many elderly people in Japan. They don't eat meat so often. Rather, they love to eat tofu instead of meat.

Safety of food is very important, but are plant-based foods safe?
I think that's why Japanese people will not eat as much plant-based meat as people in other countries, such as the UK or the US.

Your opinion

「書くこと」に向けた指導がやり取りを通して技能統合的に行われていますね。
複数のモデル文によって、生徒が英語で自分の考えを表現するためのストラテジーが示されています。
ここまで、本単元の目標達成に向けて、段階的な指導が行われています。

Writing Task:

[Your friend, Dan, sent you a message. Please reply to him.]

Do you like plant-based meat? Have you tried that meat? Plant-based meat is becoming more popular in the UK, and can be purchased at supermarkets such as TESCO and ALDI. Also, you can enjoy meatless hamburgers (McPlant burgers) at McDonald's. Do you think plant-based meat will become more popular in Japan? Please let me know your opinion.

生徒解答例

【解答例 A】（「知識・技能」、「思考・判断・表現」、「主体的に学習に取り組む態度」すべてにおいて a と評価）

> Thank you for your message, Dan. I have never eaten plant-based meat, so I don't know if I like plant-based meat or not. But I think plant-based meat will become more common in Japan. Plant-based meat is healthier than regular meat, and the Japanese care about their health. Have you heard about *tofu*? You can already eat *tofu* steaks instead of meat ones in Japan, so there is nothing that will prevent the Japanese from eating plant-based meat. That is my opinion. I am waiting for your reply.

【解答例 B】（「知識・技能」、「思考・判断・表現」、「主体的に学習に取り組む態度」すべてにおいて b と評価）

> Hi, Dan! A few years ago, I tried plant-based meat but I didn't like it. It didn't taste nice. So, I think plant-based meat will not become popular in Japan. Now plant-based meat is only used as processed meat in hamburgers and *ramen*. Their taste is too deep to enjoy the taste of meet. So it's OK for hamburgers but I think it will take more time to replace real meat. I am looking forward to receive your message again.

解説

Hi, Dan! A few years ago, [1] I tried plant-based meat but I didn't like it. It didn't [2] taste nice. So, [3] I think plant-based meat will not become popular in Japan. Now plant-based meat is only used as processed meat in hamburgers and *ramen*. [4] Their taste is too deep to enjoy the taste of meet. [5] So it's OK for hamburgers but I think it will take more time to replace real meat. I am looking forward to [6] receive your next message.

1 but の前にはコンマ（,）を入れる。
2 間違いではないが、taste good を通常使う。
3 I don't think plant-based meat will become popular in Japan としたい。
4 「味付けが濃いので肉の美味しさが伝わらない」としたい場合は They are usually strongly seasoned, so you can't taste the meat. などと書く。meet は綴りの誤り。
5 So や but が論理的に入るか要確認。「味が濃くて素材のおいしさが分からない→だから、ハンバーガーには良い→しかし、代替となるには時間がかかりそう」となっており、論理が読者に伝わらない。なお、so や but は通常コンマ（,）と一緒にもちいるので要確認。
6 look forward to の後は動名詞をもちいる。

このように、当該単元において生徒ができるようになることを英文に落とし込むことが大切です。「b（＝概ねできている）」や「a（＝bより高まりがある）」の表現がどのようなものかを具体的にすることにより、中間指導を含め、目標達成に向けて指導することが可能になります。また、このことは複数の教員で学年を通じて指導する際にも役立ちます。
「表現」だけでなく、「機能（文法的機能だけでなく、談話的機能も含む）」を具体的に示すことも、このようなパフォーマンステストのベンチマークを作成する目的となっていますね。

【解答例 A】
コミュニケーションを阻害するような誤りなども見受けられないため、「知識・技能」は a と評価しています。また、条件 1～3 を満たしており、理由も詳細に述べられているので「思考・判断・表現」、「主体的に学習に取り組む態度」の両方も a と評価した例となります。

【解答例 B】
文法や綴りの誤りなどがあり、意図が読みづらいですね。多少わかりにくいところもありますが、コミュニケーションに支障はないと考え、「知識・技能」は b という評価となっています。状況によっては、「知識・技能」は c と評価することもあると思います。その場合は、c から b となるよう適切に支援・指導をすることが大切になりますね。

> ●授業づくりのポイント②（亀谷より）
> 　単元の目標達成に向かって、必要となる語彙や表現の指導を、コミュニケーションを行う目的や場面・状況を適切に設定して理解できるよう工夫されていることがポイントですね。また、理解した語彙や表現等を活用して、情報を交換するために話し合ったり自分の考えを理由とともに書いて伝えたりする技能が身につくよう、言語活動を通した段階的な指導が丁寧にデザインされています。このように【知識及び技能】【思考力、判断力、表現力等】【学びに向かう力、人間性等】の3つの資質・能力を意識した授業づくりをしたいですね。

5.9　おわりに

　外国語の授業では、「生徒」にとっての「教師」の役割は、「指導者」から「目標達成のための促進者（facilitator）」あるいは「目標達成のために英語の使用を導いてくれる人」という形に変わりつつあるかもしれません。授業づくり、それは教師にとって何ものにも代え難い、魅力に満ちた、生徒と自分をつなぐ毎日の営みです。それゆえに、われわれ教師の側にも常にアップデートを必要とするような、終わりのない学びを続けていくことが必要となります。生徒のためによりよい授業を求めるその姿が、生徒の学び続ける姿勢を育てているかもしれない、と筆者は考えます。この章で展開されている実践がどのような理論に結びついているのかを確認したくなった方は、第2章に戻ってお読みください。理論に裏打ちされた実践が読者の皆さんの授業を変えていくことを、願ってやみません。

注

1. 2018（平成30）年度「英語教育実施状況調査」によると、「CAN-DOリスト」形式による学習到達目標を設定している学校の割合は、公立の中学校で90.0%、公立の高等学校では95.0%となっています。
2. 一方で、同じく2018（平成30）年度「英語教育実施状況調査」によると「CAN-DOリスト」形式による学習到達目標の達成状況を把握している学校の割合は、中学校で49.2%、高等学校で55.2%と5割程度にとどまっています。
3. リキャスト（recast）：学習者の適切でない発話を修正して適切なフレーズや文に変える行為を指します。通常、暗黙的な間違い修正として行われます。

確認してみよう 👆

1. 自分の学校のCAN-DOリストの活用について振り返ってみよう。
2. 単元指導計画を任意の科目、単元で1つ書いてみよう。

おすすめの1冊 📖

Lightbown, P., & Spada, N. (2021). *How languages are learned* (5th ed.). Oxford University Press.
◆言語習得理論に基づいて第二言語教育・学習方法を振り返り、教授法や授業のデザインなどを振り返るのに役立ちます。

▶参考文献

亀谷みゆき（2020）新しい時代の英語教育を考える─「主体的・対話的で深い学び」への授業改革─『朝日大学教職課程センター研究報告』

亀谷みゆき（2022）.『新しい英語教育の扉：Implementing CEFR in Japanese English-Language Education: Japanese High School Teachers' Perspective』三省堂

国立教育政策研究所（2021）.『「指導と評価の一体化」のための学習評価に関する参考資料（高等学校外国語）』

Lightbown, P., & Spada, N. (2021). *How languages are learned* (5th ed.), Oxford University Press.

文部科学省（2017）.『小学校学習指導要領解説　外国語活動・外国語編』

文部科学省（2017）.『中学校学習指導要領解説　外国語編』

文部科学省（2018）.『高等学校学習指導要領解説　外国語編・英語編』

文部科学省（2009）.『高等学校学習指導要領解説　外国語編・英語編』

文部科学省（2019）.令和元年度「英語教育実施状況調査」概要
https://www.mext.go.jp/content/20220513-mxt_kyoiku01-000008761_2.pdf

三省堂（2022）.『*VISTA English Communication Ⅰ*』

三省堂（2022）.『*MY WAY Logic and Expression Ⅰ*』

コラムH　学級経営のあり方

　教室の中には実に様々な生徒がいます。筆者が高校教諭であったある年の卒業式のことです。「私は普段、人と話すことが苦手だけれど、私、英語の時間だけ別人になれたよ。」と書いたメッセージカードを持ってきてくれた生徒がいました。場面緘黙(かんもく)の彼女は、限られた人としか会話をすることができず、仲間とのコミュニケーションに難しさを抱えていました。2011（平成23）年度、文部科学省によって作成された「新学習指導要領に対応した外国語活動及び外国語科の授業実践事例映像資料」として筆者の授業を撮影することになった際、筆者は、彼女にカメラが向けられることに慎重に対応していました。ところが授業の撮影が進み、ふと教室を見回した瞬間、カメラの画面越しに彼女のアップが飛び込んできました。筆者の心配とはまったく正反対の、息をのむほどに輝く笑顔。筆者の中に知らず知らずのうちにため込んでしまっていた心配に、深く反省した記憶が今でも鮮明に残っています。カードにはさらにこう綴られていました。「普段話さない人と話すことで知らないことをたくさん発見することができて、英語の授業を通して自分でもびっくりするくらい世界が広がりました。」と。3年間担当した英語の授業の中で彼女は、英語を使って自分の気持ちや考えをクラスメートと伝え合っていたのです。

　英語の授業で育成しているのは、英語の力だけでなく、相手への配慮など、人が人として生きていくのに大切にしたい力も含まれているのではないかと思います。特にコミュニケーションを図る資質・能力を育成する英語の授業では、授業そのものが学級の仲間づくりにつながっていくでしょう。考えたことを話したり、仲間がいったことに賛成や反応をしたり、仲間と解決方法を話し合ったりすることで、「そういう考え方もあるんだ」とか、「この子って優しいんだなぁ」とか、仲間のことをたくさん発見できます。ただし、このようなことは、仲間の意見に反対してもお互いの関係性に影響しないことを知っていなければできませんし、伝え方にも配慮しなればいけません。先ほどの彼女の場合は、声が小さいことをクラスメートが分かっているため、彼女とペアになったときは耳を近づけて彼女の声を聞き取ろうとする姿が毎回見られ、筆者はいつも心が温かくなりました。

　ペアワークやグループワークをさせる際、「好きな子同士」で相手を決める、という方もいますが、筆者は、普段は意見が異なるクラスメートと考えを伝え合うことにより相手のことを知ることができる機会ととらえ、「偶然」のペアづくりをしています。生徒が自信を持って英語による言語活動に参加するようになるには、生徒と教

師、また生徒同士での信頼関係の構築が非常に大切で、「間違っても聞いてもらえる」という気持ちが、生徒に英語で発信する勇気を持たせることにつながります。このような教室では、常に相手に配慮して話したり書いたりする生徒が育ちますし、ここでの「自分の英語で伝えることができた」という小さな達成感や成功体験の積み重ねは、生徒の自己肯定観や自己有用感につながるといえるでしょう。

(亀谷みゆき)

コラム1　教材研究のあり方

「教材研究は仕事ですか」。これはある教員研修のあとに受けた衝撃的な質問です。読者の皆さんならこの質問にどう答えますか。

優れた授業の背景にあるのはしっかりとした「教材研究」であり、教材研究は授業の質を左右し、教師が教材に打ち込み研究を深めれば、生徒の学びも深まる…というのが筆者の持論なのですが、これはもはや昭和でしょうか。そもそも、読者の皆さんは「教材研究」というと何をされますか。

筆者が教師になったばかりの若い頃、教材研究としてやっていたことといえば、教科書の本文内容の理解と言語材料を習得させる準備だけに偏っていたように思います。その結果、生徒にさせていた予習も、授業用に作成していたハンドアウトも、本文内容や言語材料の理解を目的としたものになりがちでした。新出語の予習も、教科書本文から離れて辞書で意味を調べさせるだけとなり、授業では、それらの確認が主な目的となっていました。

しかし、これでは「実際のコミュニケーションにおいて活用できる技能を身につける」ことはできません。英語が好きではなくなった理由として、「どれだけ文法を覚えても、どれだけ単語を覚えても、それらをいつ使ったらよいか分からないから」のように発言する大学生がいますが、このような発言は、従来型の教材研究が生み出したのかもしれません。

では、授業づくりにまっしぐらに（笑）進んできた今は、筆者は教材研究として何をしているのでしょうか。まず、その単元を学習することによって生徒に身につけさせたい目標を「〜できる」という形式で設定します。そのために、教材を徹底的に読み込みます。教材のテキストタイプの確認も大切にしています。これは、テキストタイプと言語活動を有機的に結びつけ、言語活動を通して設定目標の達成をめざすからです。ここでいう言語活動とは、「実際に英語を使用して互いの考えや気持ちを伝え合う」など、意味内容に重点を置いて、習得する（した）言語材料を活用して意味を伝え合う活動（タスク）のことを指します。

次に、指導方法を考えに考えて、計画（単元計画）を立てます。目標達成のためにどのような言語活動を組み込むことが必要なのか、どんな発問が有効か、何を予習させてどんな家庭学習をさせるのか、を考えます。それにもとづいて、単元で身につけたい力を生徒と共有できるワークシートを作成します。目標の共有や家庭学習、ワークシートにこだわるのは、1つの目標のもとに、生徒が家庭（教室外）でできること

と、学校でしかできないことを仕分けていく必要があると考えてのことです。

また、教科書本文が意見文なら、それに反対する意見やデータなどを集め、生徒に異なる角度から考えることを可能にする資料も準備します。さらに、宿題や予習をさせたものを提出させるWeb上の提出ボックスも作ります。そして、目標が達成できたかどうかの評価方法（規準と基準）を考えます。

ふぅ、確かにたくさんありますね。中身も従来型の教材研究、つまり教科書の本文の理解や言語材料の提示方法の検討とはかなり違いますね。さて、ここまでやるのは、果たして趣味の世界なのでしょうか。いや、必要な仕事なのでしょうか。読者の皆さんはどうお考えでしょうか。

（亀谷みゆき）

第6章　学習指導要領にもとづいた評価のポイント
―目標・指導と評価の一体化や振り返り

本章でお話しすること

　この章のキーワードは「つなぐ」です。学習指導要領のもとで目標・指導・評価をどうつなぐか、伝統的な筆記テストやパフォーマンステストで、3観点の評価とCAN-DO評価をどうつなぐか、について考えます。評価はテストに限ったものではありません。しかし、ここでは敢えてテストにしぼって話を進めることにしました。その理由は、まず小テストや定期テスト、そして発信能力の評価で重要なパフォーマンステストに焦点をあてて目標・指導・評価のつながりを考えることが、課題の理解により役立つと考えたからです。

6.1　テストを含む評価は指導のためにある

　中・高等学校、特に高校では「評価＝テスト」というイメージが強いようですが、評価には、普段の授業で生徒の様子を見取る場合のように、「**形のない評価活動**」（梶田、2002）も含まれます。[1] **観点別評価**は、学習指導要領に示された学習到達目標に至る生徒の学習状況を、資質・能力の3つの柱にもとづく観点（「知識・技能」、「思考・判断・表現」、「主体的に学習に取り組む態度」）で多様な評価を行い、指導に生かすためのものです。指導の一環として評価があり、評価方法のごく一部としてテストがある（Brown & Abeywickrama, 2010）わけです。

　とはいえ、これまでの観点別評価で問題となってきたことの1つに、授業ごとの評価とその記録に気を取られ、指導自体が疎かになってしまった、ということがありました。これについて、中央教育審議会答申「児童生徒の学習評価の在り方について（報告）」（文部科学省、2019）では、

> 日々の授業の中では児童生徒の学習状況を把握して指導に生かすことに重点を置きつつ、「知識・技能」及び「思考・判断・表現」の評価の記録については、原則として単元や題材等のまとまりごとに、それぞれの実現状況が把握できる段階で評価を行うこととする（p. 15）。

と記されています。また、評価だけでなく、必要な指導や支援といった**フィードバック**を与えることも強調しています。第3番目の観点である「主体的に学習に取り組む態度」の評価については、

例えば挙手の回数など、その形式的態度を評価することは適当ではなく、他の観点に関わる児童生徒の学習状況と照らし合わせながら学習や指導の改善を図ることが重要である（p. 12）。

とあります。英語に関していえば、生徒が実際に言語活動や学習に取り組んでいる様子を評価することになります。従って、生徒が振り返りシートに「工夫して頑張った」と記述したことだけをもってプラスの評価をするのではなく、振り返りの記述を参考に、生徒が「指導の結果として」主体的に言語活動に取り組んでいるかを見取ることで評価します。

6.2 テストづくりに重要な基本概念

テストづくりに重要な概念は多数ありますが、目標・指導・評価の一体化（第1章参照）をめざしたテストづくりにとって重要な概念として、次の点があります。

■**波及効果**（washback effect / backwash effect）
　テストの内容や形式が、学習者の学習の仕方や教師の指導の仕方に及ぼす影響を「**波及効果**」とよびます。リーディング力を測ろうとしてテストに和訳ばかり出題すれば、生徒は教科書本文の和訳を丸暗記したりして、望ましい学習とはかけ離れた学習をするという「**負の波及効果**」（negative washback）が生じ、「概要や要点を目的に応じて捉える」（英語コミュニケーションⅠ；文部科学省、2018）という目標は達成できないでしょう。一方で、大学入学共通テストのリーディングとリスニングの配点比率が均等になったことで、生徒も教師もリスニング活動により時間をかけるようになるという「**正の波及効果**」（positive washback）が期待できます。テストづくりにおいては、生徒にどのような学習をして欲しいかを考える必要があります。

■**妥当性**（validity）・**信頼性**（reliability）・**実用性**（practicality）
　「**妥当性**」とは、測るべき能力をどの程度きちんと測っているか、を意味します。たとえば単語の並べ替え問題でスピーキング力を測ることは妥当とはいえません。「**信頼性**」とは、測るべき能力をどの程度安定的に測れるか、を意味します。スピーキングやライティングのテストの場合には特に、「**評定者間信頼性**」（inter-rater reliability）が問題になります。明確な採点基準を設けておかないと、同じ能力を持った生徒でも評定者（rater）によって評価がまちまちになってしまいます。「**実用性**」とは、テストの作成・実施・採点などをどの程度無理なく行えるか、を意味します。多くの業務を抱える教師が作成するテストでは重要です。

■ 構成概念（construct）

「構成概念」とはテストで測れると考えられる能力、を意味します。心理測定の世界では「学問上の目的のために定義され、使用される概念」（南風原、2002）とされます。たとえば「知能」（intelligence）や「学習意欲（動機づけ）」（motivation）は、学問の対象として、その測定ツールが開発されてきました。「英語力」（English skills）も構成概念です。なぜ構成概念が大切かというと、3観点の評価や各科目のCAN-DO評価について考える場合、「英語力」という能力のどこをどう評価し、どう伸ばすのかを分析的に意識する必要があるからです。たとえば、「話す力」（英語力よりも小さな構成概念）の評価をする際、「流暢さ」（fluency）と「正確さ」（accuracy）といったさらに下位の構成概念を意識することで、授業で鍛えるべき能力が明確になります。ただ、非常に重要な概念ですが、用語の意味がイメージしにくいので、本章では今後「下位技能と知識」（subskills and knowledge）という現場での指導とのつながりが分かりやすい表現を使うことにします。学習指導要領やCEFR-J（投野・根岸、2020）の記述にも「概要を理解する」や「要点を理解する」など、聞く力や読む力の下位技能への言及が含まれますし、音声、語彙、文法、言語の機能等に関する知識も外国語としての英語の習得には重要です。こうした要素に注目して目標・指導・評価をつなぐことが大切です。

6.3　3観点の評価とCAN-DO評価をどうつなぐか

第1章では、学習指導要領が掲げる資質・能力の3つの柱の目標と、5領域のCAN-DO形式の目標に触れました（p. 12、表1-2参照）。今度はこの2つの枠組みを、評価の枠組みとしてつなぐ必要があります。

まず、資質・能力の3つの柱は、小・中・高等学校を通して各教科共通の枠組みです。つまり、これはもともと外国語科に特化して作られたものではありません。この3つの柱は、OECD（経済協力開発機構）の「2030年に向けた学習の枠組み（The Learning Framework 2030）」（Howells, 2018）に代表される、世界的な資質・能力（competencies）研究の潮流の中で、学習指導要領改訂に先立って行われた検討会（文部科学省、2014）に由来します。この検討会では次のような、資質・能力の3つの視点が提案されました。

ア）教科等を横断する汎用的なスキル（コンピテンシー）等に関わるもの
　① 汎用的なスキル等としては、たとえば、問題解決、論理的思考、コミュニケーション、意欲など
　② メタ認知（自己調整や内省、批判的思考等を可能にするもの）
イ）教科等の本質に関わるもの（教科等ならではの「見方・考え方」など）

ウ）教科等に固有の知識や個別スキルに関するもの

　奈須（2020）によると、上記ア〜ウの3つの視点が、学校教育法30条2項との整合性を加味した結果、資質・能力の3つの柱に盛り込まれたというわけです。[2] 同氏の説明をもとに、外国語科の目標に掲げられた資質・能力の3つの柱と、その由来となった3つの視点との対応を示したのが表6-1です。

　「汎用的なスキル（コンピテンシー）」など、外国語教育でいう「スキル」とは多少異なる使い方の用語はありますが、特に注目すべきは、「**外国語によるコミュニケーションにおける見方・考え方**」（第1章参照）が、3つの柱（検討会の3つ視点のうちのア、ウの2つ）を下支えする役割を担っているという点です。

　これを理解した上で学習指導要領外国語科の目標を読むと、納得できる面があります。[3] さらに、表の下線部（下位技能や知識）に注目すると、今回の観点別評価の議論でも話題になりそうな3観点の区分けの拠り所や、区別が難しいところ（もとは1つのものが2つに分けられている）を理解する助けになります。

知識及び技能
　ウ）教科等に固有の知識や個別スキルに関するもの
思考力・判断力・表現力等
　ア）教科等を横断する汎用的なスキル（コンピテンシー）等に関わるもののうち、認知的な汎用的スキル
学びに向かう力・人間性等
　ア）教科等を横断する汎用的なスキル（コンピテンシー）等に関わるもののうち、情意的・社会的な汎用的スキル、価値や態度に関わる学力要素

外国語によるコミュニケーションにおける見方・考え方
　イ）教科等の本質に関わるもの（教科等ならではの見方・考え方など）

表6-1　外国語科の目標と「検討会」で掲げられた3つの視点（奈須、2020にもとづく）

　一方、外国語科各科目のCAN-DO目標（〜することができるようにする）は、第3章で詳説されたCEFRに代表される、外国語教育における「**行動指向アプローチ**」（action-oriented approach）の影響を受けています（投野・根岸、2020）。つまり、語彙力や文法力といった個別の知識の総体としての英語力のとらえ方ではなく、「外国語（英語）をもちいて何ができるようになるか」という実生活場面での課題達成力という視点に立った英語の学力観です。これは学習指導要領・外国語科改訂のための検討会である「外国語ワーキンググループ」でも重要課題としてあげられました（文部科学省、2016）。

　ただし、CEFRや日本での研究成果であるCEFR-Jにおける能力記述文（Can-do descriptors）に比べ、学習指導要領の各科目の目標記述文（〜することができるようにする）はより抽象的で一般的なものになっています。これは、各科目の目標が1年（中学

校では3年）のスパンの目標であり、国の指標にもとづき各学校がより具体的な年間到達目標を設定することが求められているためです。なお、CAN-DOリストという場合、学期ごとなど様々なレベルのリストを指す場合がありますが、本章ではCAN-DO目標は年間目標ととらえておきます。

これまでの話をもとに、資質・能力の3つの柱と、各科目の5領域におけるCAN-DO形式の目標との関係を、観点別の下位技能・知識の評価の視点から筆者が再整理したのが表6-2です。

各領域で「何ができるようになったか」（CAN-DO）を評価する複数の言語評価タスク
「聞くこと」「読むこと」「書くこと」　→　筆記テスト
「話すこと［やり取り］」「話すこと［発表］」「書くこと」　→　パフォーマンステスト

知識・技能	思考・判断・表現	主体的に学習に取り組む態度
［知識（分かる）］ ・音声、句読法、語・連語・慣用表現、文構造・文法事項、言語の働き、論理構成などに関する知識 ［技能（さっとできる）］ ・音変化の認識力 ・語句の瞬時の理解力 ・発話や文の瞬時の理解力 ・意味単位に区切る力 ・語句の瞬時の想起力 ・語句をつなげて肯定文・否定文・疑問文を作る力 ・明確に発音する力 ・日常的な場面で定型表現をもちいて簡単なやり取りをする力	［目的・場面・状況に応じた課題解決のために知識・技能を活用できる］ 〈L/R〉 ・概要を理解する力 ・要点を理解する力 ・話し手（書き手）の意図を理解する力 〈SI/SP/W〉 ・対話を継続させる力 ・対話を発展させる力 ・学んだ内容を要約する力 ・主張を理由や例とともに述べる力 ・論理的に議論を組み立てる力 ※課題解決における認知的側面の能力	［課題解決に取り組める］ ・英語の背後にある文化を理解する力 ・聞き手、読み手、話し手、書き手に配慮する力 ・組言語活動に粘り強く取り組む力（取り組み） ・気持ちをコントロールしながら学習を工夫し振り返る力（自己調整） ※他者意識を持って、主体的・自律的にコミュニケーションを図ろうとする態度に現れる、情意的・社会的側面の能力

L: Listening, R: Reading, SI: Spoken Interaction, SP: Spoken Production, W: Writing

表6-2　5領域におけるCAN-DO評価と3観点の下位技能・知識の評価

ここで、注意していただきたいのは、表6-2の最上部にある「**言語評価タスク**」（language assessment task）は、年間のCAN-DO目標そのものすべてを一度に評価するタスクではなく、年間目標に到達したといえる単元のCAN-DO（第5章「小さなCAN-DO」参照）の能力を評価するタスクだという点です。[4]

つまり、次の図6-1のように、年間到達目標としての領域ごと（たとえば「話すこと

［発表］」）の CAN-DO 目標の評価は、単元や定期テストなどの要所要所で行う見きわめの評価（評価タスク①〜③）の状況を総合して、その目標達成度（できるようになったかどうか）を判断します。「聞くこと」「読むこと」「書くこと」は従来型の筆記テストや小テストで評価できますが、「話すこと［やり取り・発表］」については、パフォーマンステストを行う必要があります。

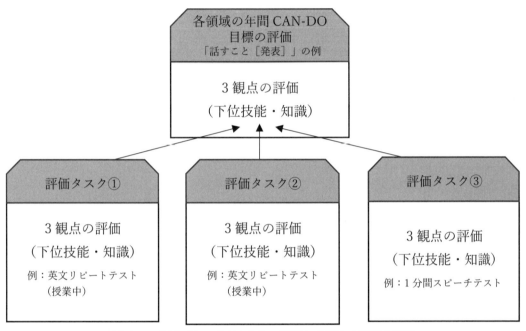

図6-1　領域ごとの CAN-DO の評価と3観点の評価の関係

5領域について CAN-DO 目標の評価をするというのは面倒に思えますが、年間を通して5つの領域がカバーできればよいので、端的にいえば、

- 「何ができるようになったか」（CAN-DO）を評価するタスクを設定し、授業や中間・期末テストで実施する。
- その際、3観点に分類した下位技能や知識にもとづき「**分析的評価**」（analytic assessment）を行う。

ということです。

6.4　目標・指導・評価を下位技能や知識でつなぐ

5領域の CAN-DO に関する筆記テストやパフォーマンステストの結果を、最終的には3観点で評価するのですが、指導する際にどのような下位技能や知識（たとえば、やり取りを円滑にするための慣用表現や瞬時の語句想起力）を重点的に指導するかについて教師

が明確に意識していることが、目標・指導・評価をつなぎます。

たとえば、各単元で5領域のうちの1つだけに焦点を当てた年間指導計画を立てるとすると、図6-2のようなイメージになります。

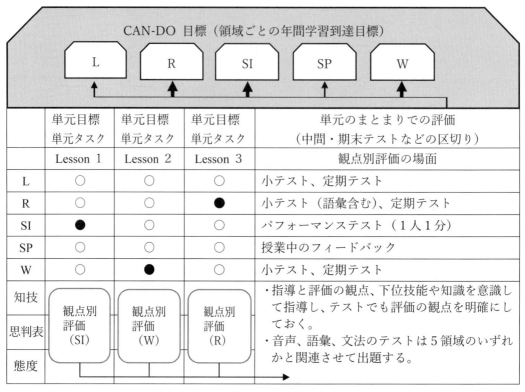

L: Listening, R: Reading, SI: Spoken Interaction, SP: Spoken Production, W: Writing
図6-2 目標・指導・評価の一体化と単元のまとまり

図の●印は、各単元（レッスン）で重点的に指導して評価する領域、○印は日々継続的に指導する領域です。授業では生徒は5領域すべてを使って言語活動をするので、○はどの単元にもついています。●印の領域では、年間のCAN-DO目標を意識した「**小さなCAN-DOタスク**」（単元タスク）での評価を行います。

10単元あると、1年間で各領域2回ずつ●印が示す評価機会を設定することができます。「話すこと」以外は定期テストで評価できますので、「話すこと」のパフォーマンステストを無理なく計画すれば、5領域・3観点の評価をすることが可能です。その際の評価規準やルーブリック作成のために、3観点に含まれるより細かな下位技能や知識を意識する必要があります。

目標・指導・評価の一体化は、生徒からの理解を得ることも重要です。たとえば、表6-3のような一覧を使って、生徒に「何のために、何をすれば、どう評価されるのか」を示せば、教師も生徒も同じ目標を持って授業に臨めます。

目標 （5領域の年間 CAN-DO）	授業（指導） （言語活動・単元タスク）	評価 （定期テスト）
L： 日常会話や、様々な話題についての英語での説明や話し合いを聞き取れるようになる。 R： 様々な話題やジャンルの英文を読んで概要・要点・筆者の意図を友達に説明できるようになる。 SI/SP： 自分のこと、学校のこと、日本のこと、世の中のこと、多文化交流に必要なことについて英語でやり取りしたり発表したりできるようになる。 W： 正しい語順で、主張が明確で一貫性のある英文を書けるようになる。	1. Pair Talk　　　　　　（SI） 　　Mini Presentation　　（SP） 　　Today's Listening　　（L） 2. Oral Interaction　　　（SI） 3. Words, Phrases, Grammar 　　　　　　　（L/R/SI/SP/W） 4. Paragraph Reading　　（R） 　　Q & A　　　　　　　（R/SI） 　　Graphic Organizer　（R/W） 　　Pair Discussion　　　（SI） 　　Strategies　（L/R/SI/SP/W） 5. Retelling　　　　　　（SP） 6. Summarize & Comment 　　　　　　　　　　　（W/SP） 7. Reflection　　　　　（W/SI） ［単元タスク］ 　各単元のまとめのタスク 　　　　　　　（L/R/SI/SP/W）	［筆記テスト］ I　リスニング問題　　　　（L） 　　会話やメッセージの聞き取り／ 　　部分ディクテーション II　単語・熟語　　　　　　（R） 　　会話の中での空所補充／ 　　文中の下線部の同意語選択 III　文法問題　　　　　　（W） 　　空所補充問題 IV　読解問題　　　　　　（R） 　　教科書本文から出題 V　読解応用問題　　　　（R） 　　教科書で扱った話題に関連した未習の英文の概要・要点・意図 VI　授業で練習したトピックの1つを選ぶ自由作文　　（W） ［パフォーマンステスト］ 　音読テスト、ペア対話テスト、面接テスト、スピーチ、場面設定のある作文　　　（SI/SP/W）

表6-3　生徒の目線から見た目標・授業（指導）・評価の一体化

　4月もしくは学期はじめに、上の表のような情報と、可能であれば定期テストの問題形式やねらいなど、簡単な**「テストの設計図」**（test specifications）やパフォーマンステストの評価規準を示しておけば、生徒たちも「授業のここを頑張るとテストのここにつながるな」と頭の中で結びつけることができます。

　一方、教師の方は、4技能5領域というくくりの下位技能だけでなく、表6-2と図6-1で例示したような、すべての領域の育成に貢献する3観点の下位技能や知識を指導する必要があります。[5] 思考・判断・表現の領域にはこれまでに何度か言及してきたコミュニケーション方略（第1章、コラムA「学習方略とは何か」p.16参照）なども含まれるでしょう。国の参考資料（国立教育政策研究所、2021, pp.44-49）の「単元の評価規準の作成のポイント」からは、3観点の評価で次のような点に留意すべきだということが見えてきます。

■　知識・技能の評価
　―「知識」は単元で学んだ言語材料やその使い方についてテストする。
　―「技能」は単元で扱う話題に関連した既習の言語材料を、必要に応じて思い出して使えるかどうかをテストする。

― 語彙・文法を定期テストに出題する際は、「読むこと」「書くこと」のいずれかの領域でテストする。
■ 思考・判断・表現の評価
― 単元の話題に関連した場面や状況の中で、コミュニケーションの目的に応じて英語を理解したり、英語で表現したりできるかどうかをテストする。
■ 主体的に学習に取り組む態度の評価
― 単元タスクやパフォーマンステストへの取り組みで評価する。[6]
― 評価自体より、長期的視野で生徒の情意的、社会的側面の能力（気持ちのコントロールや共に学ぶ姿勢）を育てることを重視する。

　こうした点に留意しながら、後半の 6.5〜6.9 では、下位技能や知識に焦点を当てて、筆記テストやパフォーマンステストで目的・指導・評価をどうつなぐかを例示します。第1章の表 1-1 で触れた「高校〜大学低学年における 5 領域の課題」を念頭に、すぐに実践できそうな単純なテストだけに絞っています。また、テスト作成の方法論や具体例については章末の参考文献をご参照ください。

6.5　「聞くこと」のテスト

　リスニングでは、聞こえてきた音声を瞬時に理解しなければなりません。スピードや「連結音」（connected speech）への慣れが必要です。そこで、たとえば「知識・技能」の観点では**音変化**（sound change）を含む音声を瞬時に聞き取る力、「思考・判断・表現」の観点では、コミュニケーションの目的や場面、状況などに応じて概要や要点、話し手の意図を瞬時に理解する力といった下位技能に焦点を当て、目標・指導・評価をつなぎます。

（1）知識・技能のテスト

目標	単元で学んだ語彙や文法を含む、**標準的な速さで話された単文を聞いて瞬時に理解する力**の育成。
指導	英語の音や**音変化**に注目させ、単元で学んだ語彙や文法を含む単文の**ディクテーション**を継続的に行う。
テスト	単元で学んだ語彙や文法を含む英文を使った**部分ディクテーション**を出題する。英文は日常会話や**単元で扱った話題**に関するものとし、**初見の英文**も含める。意味が分かれば多少の綴りのミスは減点しない。
問題例	（音声スクリプト）Listen to the recording and complete each sentence. （問題用紙） 　1. _____ _____ _____ my cell phone? 　2. Wow! _____ _____ _____ anything like this. 　［解答］1. Have you seen　2. I've never seen

(2) 思考・判断・表現のテスト

目標	相手の状況を理解するために、短めのメッセージを聞いて**概要・要点を瞬時に理解する力**の育成。
指導	Small talk や oral interaction を通し、話し手のメッセージの**概要・要点**を、**できるだけ日本語を介さず**理解することに慣れさせる。アナウンスや伝言メッセージを聞いて自分の**言葉で説明**したり、コミュニケーションの目的・場面・状況に応じて**重要な情報**は何かを考えたりする活動をする。
テスト	単元タスクの応用として、留守番電話メッセージに関する**内容理解問題**を出題する。（聞かせる回数は生徒の習熟度に応じて1～2回とする。）
問題例	（音声スクリプト） ［問題用紙の問題文が読まれ、それに続き英語の音声が流れます。］ Number 1. Hello, Yoshi. This is Tom. The train will be late by about thirty minutes due to an accident, and I will arrive at around 9 o'clock. Number 2. Hi, Yoshi. I got some tickets for a jazz concert … in Shibuya. Would you like to go? It is on Saturday, March 13th … at 6 o'clock … in Shibuya. Yeah. Please give me a call. （問題用紙） 朝 Yoshi が職場に着いて携帯電話を確認すると、2つの伝言メッセージが入っていました。1つは職場の同僚から、もう1つは大学時代の友人からでした。伝言を聞き、もっとも適切なものを選びましょう。音声はそれぞれ1度だけ聞くことができます。でははじめます。 1. Why did Tom leave this message? 　A. He had a car accident.　B. He will be late. 　C. He left home at 9 o'clock.　D. He will come by bus. 2. When is the jazz concert? 　A. January 6th　B. February 10th 　C. March 13th　D. April 20th ［解答］1. B　2. C

［一口メモ］この例では、あらかじめスクリプトを作成せず、「こんな状況ならどんな伝言を相手の携帯に残す？」とネイティブスピーカーの同僚に依頼し、その場で録音したものを使用しています。こうすることで、より実際の発話に近い英語を聞かせることができます。

(3) 主体的に学習に取り組む態度の評価

単元タスクのリスニング活動の様子を見て評価に生かします。指導では、「緊張せず、何をいっているのだろうと興味を持って聞く」ことができるよう、気持ちのコントロールの方法（たとえば、深呼吸をするなど）を指導します。

6.6 「読むこと」のテスト

　本当に英文のメッセージを理解できたかどうかを調べるには、授業中に生徒とやり取りをしながら確かめるのが一番ですが、筆記テストではテスト問題への解答の度合いを見て間接的に読解力を調べることになります。そこで、「知識・技能」のテストでは語彙・文法知識を活用して文レベルのメッセージをとらえる力、「思考・判断・表現」のテストでは、コミュニケーションの目的や場面、状況などに応じて概要や要点、書き手の意図を理解する力といった下位技能に焦点を当てて目的・指導・評価をつなぎます。

(1) 知識・技能のテスト

目標	単元で学んだ語彙や文法を含む**単文を読んで内容を理解する力**の育成。
指導	普段の授業で**単語や文法は例文の中で覚える**よう指導し、英文を読んで内容を**自分の言葉で説明**したり、やさしい英語でパラフレーズしたりさせる。英文は意味を理解した上で「自分がレクチャーしているように」**音読**させる。（音読自体をテストしてもよいだろう。）
テスト	授業で扱った英文や、既習の語彙や文法を含む初見の英文を使った**空所補充問題**を出題する。一度に多くの問題を出せるので、生徒の集団としての弱点項目を見つけられるメリットがある。
問題例	（問題） Select the best word or phrase to complete each sentence. 1. Working _____ regularly is one of the best ways to relax your body and mind. 　　A. in　　B. on　　C. out　　D. up 2. A healthy diet can help lower your risk of heart disease and stroke by _____ your blood pressure. 　　A. examining　　B. knowing　　C. pushing　　D. reducing ［解答］1. C　　2. D

(2) 思考・判断・表現のテスト

目標	社会的話題の英文を読んで、自分の今後の社会生活に役立つ内容を得られるように、**概要や要点を理解する力**の育成。
指導	**トピックセンテンス、支持文（supporting sentences）、指示語、言い換え表現、論理展開、テーマ特有の概念**などを理解させ、英問英答やパラフレーズを通して理解を深める。単元タスクでは**健康増進に関する雑誌の記事を読み、概要・要点をメモにまとめる**方法を指導する。
テスト	単元タスクの応用として、**健康に関する初見の雑誌の記事**をもちいた**概要・要点理解問題**を出題する。英語で答えさせる場合は、意味が分かれば多少の文法や綴りのミスがあっても正解とする。
問題例	You are studying at a sister school in Canada and are going to give a reading summary presentation in the next class. Fill in each blank to complete the summary notes of the following article.

> Mental health is no small issue at colleges or universities around the world, including the United States. The youngest students at U.S. colleges are just out of high school. Most first-year college students are just 17 or 18 years old; others are usually between the ages of 19 and 24. For many, this is the first time living away from home. In some cases, they are far from friends and family members. College students quickly learn that they have a lot of responsibilities, some of which they alone must face. They will have hours of intense study, as well as more critical needs, like eating and sleeping well. Some students need to find a job and work to help pay for their education... (https://learningenglish.voanews.com)
>
> Topic: ___1___
> Key issues:
> ・They are still ___2___ and fresh from high school.
> ・They have to ___3___ for the first time.
> ・They have to ___4___ very hard.
> ・They need to get sufficient ___5___ and nutrition every day.
> ・Some of them have to work part-time to pay part of their tuition.
>
> ［解答例］1. Mental health of U.S. college and university students
> 　　　　　2. young　　3. live away from home　　4. study　　5. sleep

(3) 主体的に学習に取り組む態度の評価

リスニングテスト同様、簡単に見取れませんので、普段のリーディング活動の様子を見て評価に生かします。

6.7　「話すこと［やり取り］」のテスト

スピーキングは、自分の話す英語で他の人に自分の英語力が分かってしまう、という点で生徒に大きな「**不安感**」（anxiety）を与える活動です。ですから、間違えても大丈夫という雰囲気の中で十分に場数を踏んでできるようになったことを評価します。そこで、たとえば「知識・技能」のテストでは授業で何度も経験したやり取りの「**定型表現**」（formulaic expressions）を使う力、「思考・判断・表現」のテストでは、授業や単元タスクで扱ったトピックで、相手の発話に応じてやり取りを継続させる力という下位技能に焦点を当てて、目標・指導・評価をつなぎます。

(1) 知識・技能のテスト

目標	教室内で繰り返し行われる small talk の質問に流暢に答える力の育成。
指導	Small talk や oral interaction 活動を日常的に行うとともに「**教室英語**」（classroom English）はリストで配布しておく。
テスト	教師―生徒（1対1）、1人30秒、授業時間もしくは別途設定、廊下などで実施（他生徒は自習課題）する。普段教室でよくする質問を3つする。事前に10程度のリストを渡し、その中から質問すると伝える。

問題例	Teacher：Good morning, Takeshi ... Are you ready? Student：OK ... Teacher：OK. Let's start! So, how're you doing? Student：I'm good. And you? Teacher：I'm great. Thank you. What time did you get up this morning? Student：I got up at ... six ... Teacher：OK. Did you have breakfast? Student：Yes. I had ... miso soup, natto, and rice. Teacher：Great. OK. Thank you. Nice talking to you. Student：Thanks! You, too. （評価基準） 　a：不自然な沈黙がなく非常に流暢である。 　b：つまったりいい直したりするもののおおむね流暢である。 　c：沈黙してしまうことが多い。 　※迷ったらできるだけよい評価をつけて生徒に自信をつけさせる。

(2) 思考・判断・表現のテスト

目標	日常的な話題について、お互いの考えをよりよく知ることができるように、相手の発言に応じてやり取りを続ける力の育成。
指導	単元のトピックに関連した日常的な話題について継続的に pair conversation を行わせ、会話の継続のためのストラテジーを指導する。（第 3 章、コラム E「やり取りの評価について」p. 45 参照）
テスト	生徒同士のペア（出席番号順などで決定）、1 組 1 分、授業時間もしくは別途設定、廊下などで実施（他生徒は自習課題）する。授業や単元で扱ったトピック 10 個をあらかじめ示しておき、その場で 1 つを提示する。
問題例	Teacher　：Hi! How're you doing? Now, you are going to have a conversation to get to know more about each other. OK? This is your topic! ("Your favorite food" と書かれたカードを示す。) Please start! Student A：OK. What's your favorite food? Student B：I like curry and rice. I like spicy food. Student A：Oh, curry and rice! Student B：How about you? Student A：I like beef bowl, or *gyudon*. I love meat. Student B：I see. You play rugby, so you need ... power ... energy. Student A：Yes!（以下略） （評価基準） <table><tr><td></td><td>思考・判断・表現</td><td>主体的に学習に取り組む態度</td></tr><tr><td>a</td><td>トピックについて理由を交えて話しながら会話を発展させている。</td><td>相手の発話にコメントをしたり相手の発話を助けたりしようとしている。</td></tr><tr><td>b</td><td>トピックについて理由を交えて話しながら会話をなんとか続けている。</td><td>相手のことばを繰り返すなどの工夫をしようとしている。</td></tr><tr><td>c</td><td>b を満たしていない。</td><td>b を満たしていない。</td></tr></table>

(3) 主体的に学習に取り組む態度の評価

通常は「思判表」と「主体的に学習に取り組む態度」は一体的な関係となっていますが、(2) の評価基準の例では、「思考・判断・表現」に関連した別の側面の下位技能も分析的に評価できるようにしています。

6.8 「話すこと［発表］」のテスト

「発表」では準備時間が与えられる場合も多く、「やり取り」に比べて内容や論理の組み立てが十分にできます。しかし、書いた原稿を暗記して発表するといった負の波及効果（negative washback）は避けたいものです。そこで、たとえば「知識・技能」のテストでは、文字を見ずに頭の中で語句をつなげる**統語処理**（syntactic processing）や発話の**「分かりやすさ」**（comprehensibility）、「思考・判断・表現」のテストでは、授業や単元タスクで扱ったトピックについて、学んだ内容を要約して説明する力、という下位技能に焦点を当てて、目標・指導・評価をつなぎます。

(1) 知識・技能のテスト

目標	単元で学んだ語彙や表現を含む文を聞いて、**短期記憶**（short-term memory）と**文法力**（grammatical competence）**を活用して発話する力**の育成。
指導	文字を見ないで英語の質問に答えさせたり、read and look up や picture description などの活動を通して文字に頼らず発話させたりする。
テスト	教師－生徒（1対1）、1人30秒〜1分、授業時間もしくは別途設定、廊下などで実施（他生徒は自習課題）する。教師がいう英文をはっきりと繰り返していわせる（5文程度）。 ※Underhill (1987, pp. 86-87) には Sentence Repetition という名称で解説されている。 　初級者の場合は短縮形をもとの形にもどしていわせる。
問題例	Teacher：OK. Let's start. Number one. "This is the best hamburger I've ever eaten." Student：This is the best hamburger I've ever eaten. 　　　　　(This is the best hamburger I have ever eaten.) （評価基準）正確に繰り返せたら1点。5問あれば合計5点。

(2) 思考・判断・表現のテスト

目標	聞き手が重要なポイントを理解できるように、学んだ内容について**口頭で要約してコメントを加える力**の育成。
指導	教科書のパートや補助リーディング教材を読み終えたあとに、「要約フレーム」などのテンプレート（生徒の解答の下線部参照）をもちいて、内容の要約とコメントをいわせる。
テスト	教師－生徒（1対1）、1人1分、授業時間もしくは別途設定、廊下などで実施（他生徒は自習課題）する。教師が教科書を渡し、すでに学んだ2レッスン（8パート）程度の中から指定した1パートについて、パートサマリーとコメントを述べる。

問題例	Teacher：OK. Let's begin. Do you remember this part of Lesson 5? 　　　　　Please summarize it and give your opinion. Takako：OK. In this part, we learned about plastic pollution. We learned that plastic items such as straws and bags are polluting the ocean. We also learned that such plastic waste is killing fish and sea animals. I was shocked and think we should do our best to reduce plastic waste. Teacher：Thank you. （評価基準） |	思考・判断・表現	主体的に学習に取り組む態度
a	聞き手が重要なポイントを理解できるように、トピック、学んだ内容２つ、コメントを含めて話しており、話の流れに一貫性がある。	キーワードを強調するなどして分かりやすく話そうとしている。
b	聞き手が重要なポイントを理解できるように、トピック、学んだ内容２つ、コメントを含めて話している。	分かりやすく話そうとしている。
c	bを満たしていない。	bを満たしていない。	
---	---

（3）主体的に学習に取り組む態度の評価

　（2）の評価基準を参照。この例でも「思考・判断・表現」に関連した別の側面の下位技能を分析的に評価できるようにしています。

6.9 「書くこと」のテスト

　「書くこと」については、語句をつないで文を作ること、文をつないでまとまった内容の段落（エッセイ）を書くことの２段階のハードルがあります。前者では英語使用の正確さや適切さを、後者では内容的「**一貫性**」（coherence）や「**結束性**」（cohesion）などが大切です。[7] そこで、たとえば「知識・技能」のテストでは、語彙や文法を自分で想起する力、「思考・判断・表現」のテストでは、主張を理由や例とともに書いて伝える力といった下位能力に焦点を当てて、目標・指導・評価をつなぎます。

（1）知識・技能のテスト

目標	単元で学んだ語彙や文法を**正確**かつ**適切**に使う力の育成。
指導	語彙や文法は例文の中で覚え、例文を一部変えて自分のいいたいことを書かせる「**英借文**」の練習をする。
テスト	語彙・文法問題を一部のみヒントを与えた記述式で出題する。語彙問題の形式はProductive Vocabulary Levels Test (Laufer & Nation, 1999) を参考にしている。１問１点で語彙、文法は別の大問として出題する。（例では紙面の都合上それぞれ１題ずつ例示しています。）綴りも含めて完全解答を１点とする。

問題例	1. Throughout history, pro＿＿＿＿＿ in science and technology has affected people's work. 2. The world of work has b＿＿＿＿ ch＿＿＿＿ rapidly. ［解答］1. progress　2. been changing

(2) 思考・判断・表現のテスト

目標	読み手に理解してもらえるように、**主張を理由や例とともに書いて伝える力**の育成。
指導	モデル英文の**論理構造**（主張―理由―例）の分析にもとづき、授業で定期的に賛否に関する作文を書かせてフィードバックをする。教師が読む英文を聞いてキーワードをメモし、そのメモを頼りにペアやグループで協力して、もとの英文を再生する「**ディクトグロス**」(dictogloss; Wajnryb, 1990) とよばれる活動や、トピックに関して考えをすぐに構築して書くスピードを鍛えるために、文法的正しさを気にせずにとにかく速く書き続ける quick write、また書いた原稿を人に話すことで考えを整理し、さらに整った英文に書き直すなどの活動を行う。
テスト	単元のテーマに関連した初見のテーマで、賛否を簡潔に述べる作文を定期テストで出題する。（書き方やおおよその分量は授業と同じなのでテストでは細かく指示しません。）
問題例	Do you agree or disagree with the following statement? Give specific reasons and examples to support your answer. "We should go to famous universities to get good jobs in the future." ［解答例］ I don't agree with this statement. I have two reasons. First, we should go to universities to learn what really interests us, not to get good jobs. We won't be able to enjoy our school lives if getting a job is our main goal. Second, going to a famous university doesn't guarantee us good jobs. Everyone has a different definition of a "good" job and people have different dreams and future plans, so we should choose universities that will help us achieve our goals. Therefore, I don't think we should necessarily get into a famous university to get good jobs. （評価基準） <table><tr><td></td><td>知識・技能</td><td>思考・判断・表現</td></tr><tr><td>a</td><td>語彙・文法の誤りがほとんどなく、理解することに苦労しない。</td><td>意見を明確に述べ、その理由を2つ書いており、例をあげるなど理由をさらに説明している。</td></tr><tr><td>b</td><td>語彙・文法の誤りが多少あるが、理解することにあまり苦労しない。</td><td>意見を明確に述べ、その理由を2つ書いている。</td></tr><tr><td>c</td><td>bを満たしていない。</td><td>bを満たしていない。</td></tr></table>

(3) 主体的に学習に取り組む態度の評価

「書くこと」におけるこの観点の評価は、普段の授業への取り組みや単元タスクへの取り組み状況にもとづき行います。

6.10　小・中・高接続における「単元」と「主体的に学習に取り組む態度」
　　　—振り返りにかえて

　現行の学習指導要領下での英語教育で、今後大きな課題となるのは、小・中・高等学校の接続です。最近では中学校入学時にすでに英語の好き嫌いがはっきりしてしまっている、といった話を耳にすることもあります。動機づけだけでなく、英語力に関しても中学校、高等学校入学時点でこれまで以上に生徒間の差が広がることが懸念されます。小・中・高等学校での英語教育で、生涯にわたって英語やその他の外国語を学び続けようという態度をどう育成していくか、私たち英語教師は考え続けなければなりません。

　筆者はこの問題に対応するのに、本章でも触れた「単元」という考え方（第5章参照）と「主体的に学習に取り組む態度」の育成が重要だと考えています。新課程の小学校外国語科では、各単元（LessonやUnitなど）のテーマに応じて、単元目標となるCAN-DOが教科書に示されています。中学校の教科書にも今回の改訂で多様なジャンル（メール、広告、メニュー）の英文が示され、単元ゴールとしてのCAN-DOが示されています。こうしたなかで、高校でも「単元」を意識し、「このレッスンが終わったら○○ができるようになるようにしよう」といった、文法訳読式とは異なるマインドセットへの転換が必要です。

　小・中学校で育ててきた「英語でできるようになることを増やす」という考え方を引き継ぐことで、英語を学ぶ高校生にも「達成感」を感じさせられるのではないかと思うのです。それと同時に、英語の音声の聞き取りや発音、語彙の知識、文法の理解といった英語アレルギーの原因についても、高校段階で再度指導して自信をつけさせる必要があります。生徒の苦手意識の克服を助け、「主体的に学習に取り組む態度」を育成していく必要があります。

　高校段階では、就職や進学といった、残りの人生を大きく左右する出来事が間近に迫っています。生徒たちのニーズに寄り添いながら、「単元」という意識と、苦手や不安を解消する授業の工夫、そして生徒が自らの創造性を発揮し、「主体的に学習に取り組む態度」を育みながら日々の授業に取り組めるよう支援することが、私たち英語教師のミッションではないかと考えます。

注
1. 英語では informal assessment とよぶことがあります。テストなど正式な場面で行う formal assessment と対比する概念です。この場合、生徒の活動の様子を見取り、その様子を記録したりすることはあり得るので必ずしも「記録に取らない」ということではありません。本当はこうした「成績つけのためでない」メモが指導に役立ちます。
2. 学校教育法30条2項に、「前項の場合においては、生涯にわたり学習する基盤が培われるよう、基礎的な知識及び技能を習得させるとともに、これらを活用して課題を解決するために必要な思考力、判断力、表現力その他の能力をはぐくみ、主体的に学習に取り組む態度を養うことに、特に意を用いなければならない」とあります。

3. 「外国語によるコミュニケーションにおける見方・考え方」について、学習指導要領解説には、「外国語で表現し伝え合うため、外国語やその背景にある文化を、社会や世界、他者との関わりに着目して捉え、コミュニケーションを行う目的や場面、状況等に応じて、情報を整理しながら考えなどを形成し、再構築すること」とあります。端的にいえば、「外国語によるコミュニケーションの仕方を学ぶ達人」の思考様式といってもよいでしょう。これは、現学習指導要領において、学習方略やコミュニケーション方略が重要であることを示しているといえます。
4. タスクというと主に発信技能をイメージしますが、聞いたり読んだりすることのテストでも、生徒は課題解決のための言語活動に従事しますので、タスクとよぶことができます。
5. 単元目標で焦点を当てる領域は複数であることも十分考えられます。指導では常に5領域を総合的・統合的に扱いながら、各単元で特にどの領域に焦点を当てるかを考えます。
6. 国の参考資料は、この観点は「思考・判断・表現」と一体的に評価する（「思考・判断・表現」と「態度」の評価を基本的に同じ評価とする）事例を示しています。本来この観点には、外国語の背景にある文化に対する理解や、聞き手、読み手、話し手、書き手に対する配慮、さらに主体的、自律的に学ぼうとする態度などの資質・能力が含まれており、これらの資質・能力が、「思考・判断・表現」をともなうタスクを行う際に同時に使われる、という理由でこうした例示になっています。
7. 「一貫性」（coherence）は、トピックに関して横道にそれずに考えや主張を述べているという「筋の通った思考の流れ」、「結束性」（cohesion）は指示語や談話標識などで作り出される「文と文のつながり」を意味します。

確認してみよう

1. 自分の教えている生徒の卒業後の進路に照らして、どのようなトピック（日常生活、学校生活、旅行、仕事など）やテキストタイプ（新聞、雑誌、論文、メール、プレゼンテーション、講義など）の英語を聞いたり、読んだり、話したり、書いたりする必要があるかを考えてみよう。
2. どのような定期テスト・パフォーマンステストが、生徒の学習態度にプラスの波及効果を及ぼすかを考えてみよう。

おすすめの1冊

Underhill, N. (1987). *Testing spoken language: A handbook of oral testing techniques.* Cambridge University Press.
◆古典ともいうべき本です。スピーキングテストで考えるべき基本的な内容を学ぶことができます。教師が持つべき心構えなど、あらためて考えさせられます。

▶参考文献

Bachman, L., & Damböck, B. (2017). *Language assessment for classroom teachers.* Oxford University Press.
Brown, H. D., & Abeywickrama, P. (2010). *Language assessment: Principles and classroom practices* (2nd ed.), Pearson Education.
Fulcher, G. (2010). *Practical language testing.* Hodder Education.
Howells, K. (2018). *The future of education and skills: Education 2030: The future we want.* OECD. https://www.oecd.org/education/2030/E2030%20Position%20Paper%20(05.04.2018).pdf
梶田叡一（2002）．『教育評価（第2版補訂版）』有斐閣

小泉利恵（編著）．（2022）．『実例でわかる英語スピーキングテスト作成ガイド』　大修館書店
国立教育政策研究所（2021）．『「指導と評価の一体化」のための学習評価に関する参考資料（高等学校外国語）』
Laufer, B., & Nation, I. S. P. (1999). A vocabulary-size test of controlled productive ability. *Language Testing, 16* (1), 33-51.
文部科学省（2014）．育成すべき資質・能力を踏まえた教育目標・内容と評価の在り方に関する検討会―論点整理　https://www.mext.go.jp/b_menu/shingi/chousa/shotou/095/houkoku/1346321.htm
文部科学省（2016）．外国語ワーキンググループにおける審議の取りまとめについて（報告）
https://www.mext.go.jp/b_menu/shingi/chukyo/chukyo3/058/sonota/1377056.htm
文部科学省（2017）．『中学校学習指導要領解説　外国語編』
文部科学省（2018）．『高等学校学習指導要領解説　外国語編・英語編』
文部科学省（2019）．『児童生徒の学習評価の在り方について（報告）』
https://www.mext.go.jp/component/b_menu/shingi/toushin/__icsFiles/afieldfile/2019/04/17/1415602_1_1_1.pdf
南風原朝和（2002）．『心理統計学の基礎：統合的理解のために』　有斐閣
奈須正裕（2020）．『次代の学びを創る知恵とワザ』　ぎょうせい
根岸雅史（2017）．『テストが導く英語教育改革：「無責任なテスト」への処方箋』　三省堂
投野由紀夫・根岸雅史（2020）．『教材・テスト作成のための CEFR-J リソースブック』大修館書店
Underhill, N. (1987). *Testing spoken language: A handbook of oral testing techniques.* Cambridge University Press.
Wajnryb, R. (1990). *Grammar dictation.* Oxford University Press.

コラムJ　やる気と行動の誘発

　どのようにしたら英語の学びに向かう生徒の気持ちが育ち、目標達成に向けた行動（第2章、コラムC「エンゲージメントとは何か」p. 28参照）へと結びつくのでしょうか。以下は筆者が勤務したある高校で、1年生が受講した「コミュニケーション英語Ⅰ」の授業についての自由記述の一部です。

○私は、本文を読んだあとに自分の意見が持てるようになりました。そしてその意見を英語でいえるようになりました。友達の意見を英語で聞くのも好きになりました。大嫌いだった英語が知らないうちに大好きになっていて、自分に驚いています。すごくうれしいです。

○授業をすべて英語でやるなんて私には無理！　と最初は思ったけど、1年間授業を頑張っていたら、えっ、私にもできる！　って思うようになりました。一番うれしいのは、はじめて読む英語の文章が読めるようになったことと、自分のいいたいことが大体だけどいえるようになったことです。先生のいっていることも聞けるようになりました。この1年で嫌いだった英語を楽しく思えるようになったことが本当にうれしくて、これからももっと英語の力を伸ばしたいです。

　当該高校は専門高校で英語に苦手意識をかかえている生徒が多いのですが、授業における小さな成功体験の積み重ねが自己肯定観の高まりにつながっていることが分かります。

　次は同じく、筆者が勤務したことのある普通科高校3年生が、後輩に英語の学習方法について伝えた内容の一部です。この学校では、受信したことについて考え、自分の意見や気持ちを伝えることを大切にした授業づくりを、英語科全体で心掛けていました。そのため、生徒の脳が動く（思考を揺さぶる）、あるいは心に響くような発問を考え出すことに、同僚と力を注いでいました。

○私は新しい英単語に出会うと「この単語はどんな時に使えるか」を考えてワクワクしました。そして授業などで実際にその単語を使って自分の考えを伝えることができると、喜びはとても大きくて、どんどん覚えていきました。

○3年間を振り返ると、英語の授業は「考えること」に一番のウエイトがあったと感じています。教科書などで読んだ内容について考えて、自分の意見を構築するこ

とに全力でした。よくお風呂の中で「先生、明日の授業でどんなことを質問してくるかな」と想像しながら、自分の考えを巡らせていました。そしてどんな単語や表現を使って伝えようかと考えました。

　上記の記述より、生徒たちは、理解したことが技能として身につき、それらを活用して場面・状況に応じて適切に自分の考えを発信することに喜びを感じていることが見て取れます。
　これらをまとめると、意味伝達に関わる成功体験と達成感、そして学んだことを使う目的と場面、これらが生徒のやる気と行動を誘発する重要な要素となることが分かります。筆者は、加えて、コミュニケーションを支える環境づくりも重要だと考えています。安心して英語を使う環境があってはじめて動機が高まり、行動が誘発されるのではないかと思い、能動的な聞き手を育てることも含め留意したいものですね。

（亀谷みゆき）

コラムK　成長マインドセットとは何か

　自らの能力に対する信念、あるいは考え方のことを ability beliefs と総称します。その中には、「**成長マインドセット**」（growth mindset）や「**自己効力感**」（self-efficacy：第2章参照）などが含まれています。このうち「成長マインドセット」とは、「人間の基本的資質・能力は、本人の努力次第で伸ばすことができる」という信念、あるいは考え方のことを指します。このマインドセットを持った人物は、自己効力感も高くなる傾向があり、未来の方向性としての「**理想自己**」（ideal self：なりたい自分像）をしっかりと描けている傾向も高いといわれています。

　心理学者の Carol Dweck らの研究によると、成長マインドセットを持つ人は、高めの目標を設定し、挑戦を回避することなく困難に直面してもあきらめず、批判やフィードバックを成長の糧として、他者の成功事例も参考にしながら成長していくといいます。一方、「**固定マインドセット**」（fixed mindset）を持つ学習者は、才能や知能、適性の高さは天賦のものであり努力しても変えられないと考え、失敗を回避するように動き、他者の評価を気にして批判やフィードバックを恐れる傾向にあるといいます。

　昨今、このマインドセットの持ちようが、学習の成否や達成度に影響するとの指摘が、様々な分野でなされています（英語学習の場合、技能ごとにマインドセットの有り様が異なるともいわれています）。では、マインドセットの持ち方は変えられるのでしょうか。答えはイエスのようです。たとえば、結果より過程を重視することや、理想像（目標）を具体的かつ強固に描かせること、あるいは努力すれば解決できるような課題を与え「やればできる」という気持ちを持たせること（つまり自己効力感に働きかける）などが有効であると考えられています。また、マインドセットの有り様を診断して、学習者にはっきりと示して意識させることも重要でしょう。さらには、成長マインドセットは学習者の置かれている環境や、彼らを取り巻く人間関係などの影響も受けるとされていることから、学校（教室）文化のあり方や人間関係の改善も必要となるかもしれません。

　ところで、成長マインドセットをしっかりと持っておくべきは、他ならぬ教師自身ではないでしょうか。そして生徒の成長マインドセット育成の最良の方法は、自ら目標をしっかりと掲げ、固定観念を捨てて新しいことに挑戦し、批判を成長の糧として学び続けている教師の姿を見せることではないかと思うのですが、皆さんはどうお考えでしょうか。

（竹内　理）

▶参考文献

Dweck, C. S.（2007）. *Mindset: The new psychology of success*. Ballantine Books.

Zhang, X., Lou, N. M., Noels, K. A., & Daniels, L. M.（2022）. Attributions and mindsets（pp. 161-174）. In T. Gregersen & S. Mercer（Eds.）, *The Routledge handbook of the psychology of language learning and teaching*. Routledge.

索引

A
ability beliefs ········ 113
accuracy ········ 42, 94
action-oriented approach ········ 32, 95
agency ········ 20
agent ········ 21
agentic engagement ········ 28
agentic learning ········ 20
AI: artificial intelligence ········ 24, 30
all in English ········ 23
ALT: Assistant Language Teacher ········ 13, 62
analytic assessment ········ 97
anxiety ········ 103
argument ········ 42
articulation ········ 52
authentic learning ········ 24
autonomous learning ········ 39
awareness ········ 23

B
band ········ 14
behavioral engagement ········ 28

C
CAN-DO ········ 8
CAN-DO 目標 ········ 55
CAN-DO リスト ········ 32
CEFR: Common European Framework of Reference for Languages: Learning, teaching, assessment ········ 32, 95
CIR: Coordinator for International Relations ········ 62
classroom English ········ 103
CMC: computer-mediated communication ········ 18
cognition ········ 22
cognitive engagement ········ 28
cognitive fluency ········ 52
coherence ········ 42, 106
cohesion ········ 106
collaborative learning ········ 23
communicative competence ········ 11
comprehensibility ········ 105
conceptualization ········ 52
confirmation ········ 45
connected speech ········ 100
construct ········ 94
conversation ········ 37
Conversation Strategies ········ 57
co-regulation ········ 24
Council of Europe ········ 32
cramming for exams ········ 60
Creative, Interpersonal Language Use ········ 37

D
daily reminders ········ 48
deeper learning ········ 24
delay discounting ········ 48
delayed gratification ········ 48
describing experience ········ 37
description ········ 42
descriptor ········ 32
dialogic learning ········ 23
dictogloss ········ 107
discussion ········ 37

E
elaboration ········ 24
elicitation ········ 45
emotional engagement ········ 28
empowerment ········ 26
engagement/student engagement ········ 28
English skills ········ 94
European Language Portfolio: ELP ········ 39
Evaluative, Problem-solving Language Use ········ 37

F
fixed mindset ········ 113
flipped classroom ········ 19
Flow ········ 49
fluency ········ 42, 94
formulaic expressions ········ 103
formulation ········ 52
four conditions for language learning ········ 13

G
GIGA (Global and Innovation Gateway for All) スクール構想 ········ 18
giving information ········ 37
goal setting ········ 48
GPT: Generative Pre-trained Transformer ········ 30
grammatical competence ········ 105
growth mindset ········ 23, 113

I
ideal self ········ 113
illustrative scale ········ 34
independent learning ········ 39
in-depth learning ········ 24
information exchange ········ 37
intelligence ········ 94
interaction ········ 36, 42
interactive learning ········ 23
intercultural communicative competence ········ 38
inter-rater reliability ········ 93
intrinsic ········ 21
intrinsic motivation ········ 49
iteration ········ 25

J
JET プログラム：The Japan Exchange and Teaching Programme ········ 13, 62
JTL: Japanese Teacher of Language ········ 62

L
language assessment task ········ 96
language learner/learning strategy ········ 16
Language Passport ········ 33
language use strategy ········ 16
learned helplessness ········ 48
learner autonomy ········ 33
learning motivation ········ 21
learning oriented assessment ········ 42
learning strategies ········ 10
lifelong learning ········ 33

linguistic breakdown ································ 36

M

machine learning ································ 30
machine translation ································ 30
main idea ································ 51
mediation ································ 38
metacognition ································ 22
mirror neurons ································ 49
mnemonics ································ 51
monitoring ································ 52
motivation ································ 8, 94
motivation/emotions ································ 22
mottos ································ 57

N

negative washback ································ 93
newly-encountered text ································ 60
notional-functional syllabus ································ 32

O

obtaining goods and services ································ 37
OECD（経済協力開発機構）································ 94
online & written interaction ································ 45
orchestration ································ 16
ownership ································ 21, 33

P

partial competence ································ 34
participation ································ 23
phonology ································ 42
pleasurable tension ································ 54
plurilingual and pluricultural competence ································ 38
plurilingualism and pluriculturalism ································ 33
positive washback ································ 93
PPP モデル：Presentation-Practice-Production ································ 35
practicality ································ 93
presenting a case ································ 37
proactive learning ································ 20
production ································ 37
productive skills ································ 60
proficiency ································ 32
profile ································ 34
pronunciation ································ 42
psycho-cognitive ································ 24
Pygmalion effect ································ 49

Q

quick write ································ 107

R

range ································ 42
rapport ································ 25
recast ································ 62
reception ································ 37
receptive skills ································ 60
reconstruction ································ 24
reflect ································ 8
reflection ································ 9, 23
relationship ································ 22
reliability ································ 93
repetition ································ 25
revise ································ 8
role model ································ 13

rote memorization ································ 60
rubrics ································ 60

S

scaffolding ································ 24, 55
schema ································ 51
SEA: Sports Exchange Advisor ································ 62
self-assessment grid ································ 45
self-determination ································ 21
self-efficacy ································ 22, 35
self-regulated learning ································ 22
self-regulated learning strategy ································ 16
self-regulation ································ 8, 22
self-regulatory capacity ································ 22
short-term memory ································ 105
skill automatization/entrenchment ································ 25
social agent ································ 37
socially shared regulation ································ 24
socio-cultural ································ 22
sound change ································ 100
strategic competence ································ 7
structural syllabus ································ 32
subskills and knowledge ································ 94
supporting sentences ································ 102
sustained monologue ································ 37
syntactic processing ································ 105

T

task completion skills ································ 11
test specifications ································ 99
the 4/3/2 technique ································ 52
Think in Threes ································ 53
topic ································ 51
Transactional Language Use ································ 37
transparency ································ 32

U

utterance fluency ································ 52

V

validity ································ 93

W

washback effect / backwash effect ································ 93
willingness to communicate: WTC ································ 40
willpower ································ 48
written production ································ 45

あ行

アクション言語 ································ 53
足場（かけ）································ 24, 55
言い換え表現 ································ 102
意志力 ································ 48
一貫性 ································ 106
一定の支援 ································ 9
英語で英語を教える ································ 23
英語力 ································ 94
英借文 ································ 106
英問英答 ································ 102
エージェンシー ································ 20
エージェント ································ 21
エンゲージメント ································ 21
エンパワーメント ································ 26

項目	ページ
大きな CAN-DO	66
多くの支援	9
音読学習	50
音変化	50, 100

か行

項目	ページ
下位技能と知識	94
外国語指導助手	13, 62
概要・要点理解問題	102
学習意欲	9
学習指向評価	42
学習者自律性	33
学習性無気力感	48
学習動機づけ	21
学習方略	10, 16
課題遂行能力	37
形のない評価活動	92
関係性	22
感情的エンゲージメント	28
感情方略	16
観点別評価	92
記憶術	51
記憶方略	16
機械学習	30
機械的暗記	60
機械翻訳	30
規準	68
基準	68
気づき	23
機能・概念シラバス	32
技能の自動化	25
技能を統合	7
教室英語	103
協働調整	24
協働的な学び	22
空所補充問題	102
組み合わせ	16
繰り返し	25
計画を修正する	8
結束性	106
言語学習の４つの条件	13
言語学習方略	16
言語使用方略	16
言語的挫折	36
言語能力	66
言語パスポート	33
言語評価タスク	96
行為主体者	21
行為主体性	20
構造シラバス	32
構成概念	94
行動指向アプローチ	95
行動中心（指向）アプローチ	32
行動的エンゲージメント	28
語学指導等を行う外国青年招致事業	62
国際交流員	62
固定マインドセット	113
語のかたまり（チャンク）	50
個別最適化	30

項目	ページ
コミュニケーション意欲	40
コミュニケーション能力	11
コミュニケーション能力育成	13
コミュニケーション方略	16, 57
コミュニケーションモード	36, 45

さ行

項目	ページ
再構築	24
参加	23
参照枠	32, 45
思考の流暢さ	52
思考・判断・表現	7, 25, 52, 53
思考力、判断力、表現力等	11
思考力・判断力・表現力の育成	8
自己決定	39
自己決定性	21
自己効力感	22, 35, 113
自己省察	39
自己調整	8, 22, 38, 56
自己調整学習	22
自己調整学習方略	16
自己調整能力	22
指示語	102
支持文	102
実用性	93
指導と評価の一体化	8
社会的行為者	37
社会的に共有された調整	24
社会・文化的	22
社会方略	16
習熟度	9
主体的	56
主体的エンゲージメント	28
主体的な学び	20
受容技能	60
情意	22
生涯学習	33
使用者	6, 9
初見の英文	60, 100, 102
所有権	33
所有（者）意識	21
自律学習	39
自立学習	39
人工知能	30
深層学習（ディープラーニング）	24
信頼性	93
心理・認知的	24
遂行統制	39
スポーツ交流員	62
スラッシュリーディング	50
正確さ	94
精緻化	24
成長マインドセット	23, 113
正の波及効果	93
相互文化的コミュニケーション能力	38

た行

項目	ページ
ダイナミック・テスティング	42
タスク	11
妥当性	93

楽しい緊張感	54
短期記憶	105
単元構想	64
小さなCAN-DO	66
小さなCAN-DOタスク	98
知識及び技能	11
知識・技能	50, 52
知識・技能の習得	8
知能	94
チャンク	50
仲介	38
中間指導	68
ディスクリプタ	66
ディクテーション	100
ディクトグロス	107
定型表現	103
テーマ特有の概念	102
テストに向けて集中的に勉強すること	60
テストの設計図	99
動機づけ	8
統語処理	105
透明性	32
同僚性	25, 49
トピックセンテンス	102

な行

内省	23
内発的	21
内発的動機づけ	49
内容理解問題	101
日本人英語教師	62
認知	22
認知的エンゲージメント	28
認知的不協和	25
認知方略	16
粘り強さ	38, 56
能力記述尺度	34
能力記述文	32

は行

波及効果	93
播種の試み	26
バックワード・デザイン	8, 19
発信技能	10, 60
発話の流暢さ	52
パラフレーズ	102
反転学習	19, 25
バンド	14
ピアフィードバック	39
評価リテラシー	42
標語	57
評定者間信頼性	93
不安感	103
フィードバック	92
複言語複文化主義	33
複言語複文化能力	38
負の波及効果	93
部分的能力	34
振り返り	9, 23
振り返りシート	57

プロファイル	34
分析的評価	97
文法力	105
方略的能力	7

ま行

毎日の授業で意識すべき指導の覚え書き	48
学びに向かう力・人間性等	11
学びに向かう力や人間性等の涵養	8
見方・考え方	14, 37
見通し	32
ミラーニューロン	49
メタ言語的な気づき	36
メタ認知	22
メタ認知方略	16
目的や場面、状況など	53

や行

やり取り	36, 103
ヨーロッパ言語共通参照枠（CEFR）	32
ヨーロッパ言語ポートフォリオ（ELP）	39
予見	20, 39

ら行

ラポール	25
リキャスト	72
理想自己	113
流暢さ	94
ルーブリック	42, 60
連結音	100
論理構造	107
論理展開	102

わ行

分かりやすさ	105

著者紹介

代表　亀谷みゆき（かめがい・みゆき）
　　　　朝日大学　経営学部・英語教育センター　教授
　　　　第5章、単元構想案の編集、コラム H, I, J の執筆担当

竹内　理（たけうち・おさむ）
　　　　関西大学　大学院外国語教育学研究科・外国語学部　教授
　　　　全体の編集、第1章前半、第2章、コラム A, B, C, D, K の執筆担当

江原美明（えはら・よしあき）
　　　　武蔵野大学　教育学部教育学科　特任教授
　　　　第1章後半、第4章、第6章　コラム F, G の執筆担当

長沼君主（ながぬま・なおゆき）
　　　　東海大学　語学教育センター　教授
　　　　第3章、コラム E の執筆担当

装丁／三省堂デザイン室

高校英語のパラダイムシフト
進化する授業づくりのヒント

2024年12月5日　第1刷発行

著者　　亀谷みゆき［代表］
　　　　竹内　理
　　　　江原美明
　　　　長沼君主

発行者　株式会社三省堂
　　　　代表者　瀧本多加志

印刷者　三省堂印刷株式会社

発行所　株式会社三省堂
　　　　〒102-8371
　　　　東京都千代田区麹町五丁目7番地2
　　　　電話　(03)3230-9411
　　　　https://www.sanseido.co.jp/

〈高英パラダイム・120pp.〉

©Kamegai Miyuki 2024
Printed in Japan
ISBN978-4-385-36207-6
落丁本・乱丁本はお取り替えいたします。

本書を無断で複写複製することは、著作権法上の例外を除き、禁じられています。また、本書を請負業者等の第三者に依頼してスキャン等によってデジタル化することは、たとえ個人や家庭内での利用であっても一切認められておりません。

本書の内容に関するお問い合わせは、弊社ホームページの「お問い合わせ」フォーム（https://www.sanseido.co.jp/support/）にて承ります。